IFKA-SCHRIFTENREIHE
Institut für Freizeitwissenschaft und Kulturarbeit e.V.

Herausgeber:
J. Fromme, W. Hatzfeld, W. Nahrstedt,
I. Stehr, A. Steinecke, W. Thevis

Band 11

Johannes Fromme, Beate Kahlen

Berufsfeld Freizeit
Aus-, Fort- und Weiterbildungsangebote im tertiären Bildungsbereich

Bielefeld 1990

Herausgeber der IFKA-Schriftenreihe:

Dr. Johannes Fromme
Dipl.-Päd. Walburga Hatzfeld
Prof. Dr. Wolfgang Nahrstedt
Dipl.-Päd. Ilona Stehr
Priv.-Doz. Dr. Albrecht Steinecke
Dipl.-Päd. Wolfgang Thevis

Institut für Freizeitwissenschaft
und Kulturarbeit e.V. (IFKA)
Postfach 62 24
D - 4800 Bielefeld 1

CIP-Titelaufnahme der Deutschen Bibliothek

Fromme, Johannes:
Berufsfeld Freizeit : Aus-, Fort- und Weiterbildungsangebote
im tertiären Bildungsbereich / Johannes Fromme ; Beate
Kahlen, Inst. für Freizeitwiss. u. Kulturarbeit e.V. - Bielefeld :
IFKA, 1990
  (IFKA-Schriftenreihe ; Bd. 11)
  ISBN 3-926499-17-6
 NE: Kahlen, Beate:; Institut für Freizeitwissenschaft und Kulturarbeit
  <Bielefeld> : IFKA-Schriftenreihe

© Institut für Freizeitwissenschaft und Kulturarbeit e.V.,
   Bielefeld 1990 - Alle Rechte vorbehalten

Vorwort

Der Dienstleistungssektor, und darin besonders der Freizeitbereich, gilt als einer *der* Hoffnungsträger für neue Arbeitsplätze und Berufe. Dies reklamieren nicht zuletzt die Aus- und Weiterbildungsinstitutionen, die "Freizeit-Curricula" entwickelt haben, wie jüngst die Universität Göttingen mit dem Studiengang Freizeitpädagogik oder das Institut für Sport, Freizeit und Touristik in Dülmen (bei Münster), das eine Ausbildung zum Freizeitmanager anbietet.

Welche Freizeit-Curricula mit Blick auf die erhofften neuen Berufsfelder in welchen Einrichtungen entwickelt wurden, war aber bislang unklar. In unserem Bildungssystem, das ganz wesentlich von den Bundesländern und von einzelnen Bildungseinrichtungen mitgestaltet wird, fällt es nicht leicht, Überblick über das Ganze oder bestimmte Teilbereiche zu bekommen. Dies gilt besonders für neue Aus- und Weiterbildungsangebote wie jene für Freizeitberufe. Fragt man bei Arbeitsämtern oder Studienberatungsstellen nach, in welchen Hochschulen, Fachhochschulen, Fachschulen oder sonstigen Bildungseinrichtungen Aus-, Fort- oder Weiterbildungen für haupt- oder nebenberufliche Tätigkeiten in Bereichen wie Reiseleitung, Freizeitberatung, Freizeitsport oder Kulturarbeit, angeboten werden, so sind die Auskünfte sehr vage und lückenhaft, oft liegen gar keine Angaben vor.

Ebenso unklar ist bis heute, welche Berufschancen und Berufsperspektiven die Absolventen dieser Studien- und Ausbildungsgänge in einem so weiten und heterogenen Arbeits- und Berufsfeld wie der Freizeit haben.

Das vorliegende Handbuch versucht eine Wissens- und Informationslücke zu schließen und einen Überblick über in der Bundesrepublik Deutschland und West-Berlin vorhandene Freizeit-Curricula, über Aus-, Fort- und Weiterbildungen für Freizeitberufe, zu geben. Diese Übersicht soll alle zwei oder drei Jahre aktualisiert und ggf. ergänzt werden, so daß bislang fehlende oder neu geschaffene Einrichtungen und Curricula Eingang finden können. Indem die *internen Merkmale* der bislang untersuchten Curricula, d.h. ihre inhaltlichen und fachlichen Qualifikationsschwerpunkte, und die *externen Orientierungen*, also die für Absolventen angestrebten Arbeits- und Berufsfelder, beschrieben und miteinander verglichen werden, versucht das Buch zugleich einen Beitrag zur Klärung des Verhältnisses zwischen den Freizeit-Curricula und wichtigen Freizeit-Berufsfeldern zu leisten. Durch Absolventenbefragungen und genauere Analysen solcher Freizeit-Berufsfelder soll diese Arbeit fortgesetzt werden.

Wir danken der Kommission Freizeitpädagogik der Deutschen Gesellschaft für Erziehungswissenschaft und der Beratergruppe 5 ("Aus- und Weiterbildung") der European Leisure and Recreation Association für die freundliche Unterstützung der Erhebung, die dieser Veröffentlichung zugrundeliegt.

Bielefeld, im März 1990,

        Johannes Fromme / Beate Kahlen

Inhaltsverzeichnis

		Seite
	Vorwort	3
	Inhaltsverzeichnis	5
1	Gesamtüberblick: Freizeit-Curricula 1989	7
1.1	Ziel der Erhebung	9
1.2	Erhebungsmethode	9
1.3	Kurzergebnis der Erhebung	10
1.3.1	Grunddaten zur Aus- und Weiterbildung für Freizeitberufe	10
1.3.2	Regionale Verteilung der Freizeit-Curricula	12
1.3.3	Art der Einrichtungen	14
1.3.4	Typisierung der Freizeit-Curricula	16
1.3.5	Stellenwert der Curricula in den Einrichtungen	18
1.3.6	Inhaltliche Zuordnung der Freizeit-Curricula	21
1.4	Statistische Einzelergebnisse	22
1.4.1	Inhaltliche Strukturen der Curricula	22
1.4.2	Fachliche Strukuren der Curricula	25
1.4.3	Angestrebte Arbeits- und Berufsfelder für Absolventen	28
1.4.4	Angestrebte Anstellungsträger für Absolventen	31
1.4.5	Erweiterungsplanungen	33
1.5	Zusammenfassung und Fazit	34
2	Einzelportraits der beteiligten Freizeit-Curricula	37
2.1	Hochschul-Curricula	37
2.1.1	Inhaltliche Gruppe "Freizeit allgemein"	37
2.1.2	Inhaltliche Gruppe "Tourismus/Reisen"	54
2.1.3	Inhaltliche Gruppe "Sport/Gesundheit mit Freizeitorientierung"	71
2.1.4	Inhaltliche Gruppe "Kultur/Kunst mit Freizeitorientierung"	80
2.1.5	Inhaltliche Gruppe "Sozialwesen mit Freizeitorientierung"	95

		Seite
2.2	Sonstige Curricula	109
2.2.1	Inhaltliche Gruppe "Freizeit allgemein"	109
2.2.2	Inhaltliche Gruppe "Tourismus/Reisen"	125
2.2.3	Inhaltliche Gruppe "Sport/Gesundheit mit Freizeitorientierung"	153
2.2.4	Inhaltliche Gruppe "Kultur/Kunst mit Freizeitorientierung"	163
2.2.5	Inhaltliche Gruppe "Sozialwesen mit Freizeitorientierung"	195
3	Service für Interessenten: Angebote auf einen Blick	209
3.1	Curriculum-Überblick "Freizeit allgemein"	209
3.1.1	Hochschul- und Fachhochschulebene	209
3.1.2	Sonstige Einrichtungen und Organisationen	210
3.2	Curriculum-Überblick "Tourismus/Reisen"	212
3.2.1	Hochschul- und Fachhochschulebene	212
3.2.2	Sonstige Einrichtungen und Organisationen	213
3.3	Curriculum-Überblick "Sport/Gesundheit mit Freizeitorientierung"	216
3.3.1	Hochschul- und Fachhochschulebene	216
3.3.2	Sonstige Einrichtungen und Organisationen	217
3.4	Curriculum-Überblick "Kultur/Kunst mit Freizeitorientierung"	220
3.4.1	Hochschul- und Fachhochschulebene	220
3.4.2	Sonstige Einrichtungen und Organisationen	221
3.5	Curriculum-Überblick "Sozialwesen mit Freizeitorientierung"	223
3.5.1	Hochschul- und Fachhochschulebene	223
3.5.2	Sonstige Einrichtungen und Organisationen	224
	Literatur- und Zeitschriftenhinweise	227
	Verzeichnis der Tabellen und Abbildungen	230
	Vordruck für weitere oder aktualisierte Einzelportraits	231

1 Gesamtüberblick: Freizeit-Curricula 1989

In den unterschiedlichen Einrichtungen des tertiären Bildungsbereiches, in den Aus- und Weiterbildungen jenseits von Sekundarbereich II und Dualem System also (vgl. Abb. 1), sind in der Bundesrepublik Deutschland seit Anfang der 70er Jahre zahlreiche auf Freizeitberufe und -tätigkeiten augerichtete Curricula entstanden. Sie werden hier als "Freizeit-Curricula" bezeichnet. Im Begriff Freizeit-Curricula werden Aus-, Fort- und Weiterbildungsangebote für haupt- und nebenberufliche, z.T. auch für ehrenamtliche Arbeit in den Bereichen Reiseleitung und Reiseorganisation, Freizeitberatung und Freizeitpädagogik, Kulturarbeit und Kulturmanagement, Spielpädagogik und Gästebetreuung, Freizeitsport und Gesundheitssport u.ä.m. zusammengefaßt.

Abb. 1: **Grundstruktur des Bildungswesens in der Bundesrepublik Deutschland 1987**

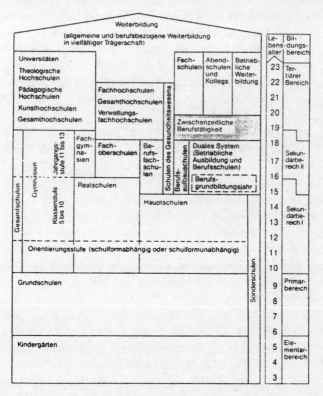

Quelle: Grund- und Strukturdaten, hrsg. vom Bundesminister für Bildung und Wissenschaft, Bonn, Ausgabe 1988/89.

Mit der Schaffung von Freizeit-Curricula verbindet sich die Annahme und Hoffnung, daß es einen (wachsenden) Bedarf für und eine (wachsende) Nachfrage nach qualifizierten Fachkräften in Freizeitberufen gibt oder in naher Zukunft geben wird. Die Hoffnung gründet sich auf zwei Beobachtungen: erstens auf die Reduzierung der tariflichen Wochen- und Jahresarbeitszeiten und die sich daraus ergebenden Freizeitverlängerungen, zweitens auf die Ausweitung des Freizeitmarktes und die wachsende Bereitschaft der Menschen, für Freizeitangebote Geld auszugeben.

Der Trend zur Dienstleistungsgesellschaft und die wachsenden Freizeitansprüche der Bevölkerung gelten als deutliche Indikatoren für einen steigenden Bedarf an professioneller, beruflicher Arbeit nicht nur in traditionellen oder neuen "Berufen im Freizeitbereich", sondern auch in neuen "Freizeitberufen". Als Freizeitberufe werden jene Berufe bezeichnet, deren Aufgaben- und Tätigkeitsbereich direkt an und in der Freizeit ansetzt, während zu der umfassenderen Gruppe der Berufe im Freizeitbereich auch jene gehören, die indirekt an der Freizeit ansetzen wie z.B. die Berufe und Arbeitsplätze in der Spiel- und Sportartikelindustrie, in der Bauindustrie (Freizeitbauten) oder bei den Verkehrsbetrieben (vgl. auch OBERSTE-LEHN 1988 und AGRICOLA 1988).

In diesem Handbuch stehen die Aus- und Weiterbildungen für Freizeitberufe im Mittelpunkt. Auf ihre inhaltliche, fachliche und formale Unterschiedlichkeit kommen wir in den folgenden Kapiteln genauer zu sprechen. An dieser Stelle soll der Hinweis auf folgende Differenzierungen genügen:
- Einrichtungen: Freizeit-Curricula sind in Hochschulen, Fachhochschulen, Fachschulen, Fachakademien, Instituten und vielen anderen Einrichtungen entstanden – wir unterscheiden im folgenden lediglich die Gruppe der Hochschul- und Fachhochschul-Curricula von den "sonstigen" Curricula, die außerhalb der Hochschulen angeboten werden.
- Ausbildungsarten: Die bestehenden Freizeit-Curricula lassen sich im ersten Zugriff nach Ausbildungen und (beruflichen) Weiterbildungen differenzieren, wobei sowohl die Ausbildungen sehr unterschiedlich ausgeprägt sein können (achtsemestriger Hochschulstudiengang, viersemestriger Studienschwerpunkt oder einwöchige Zusatz-Ausbildung) als auch die Weiterbildungen (zweijähriges Aufbaustudium, berufsbegleitender Abendkurs, Fernstudium oder Blockseminar) – wir haben bewußt keine Mindestkriterien formuliert und alle für freizeitberufliche Tätigkeiten qualifizierenden Angebote berücksichtigt, sofern sie sich selbst hier einordnen konnten.

- inhaltlich-fachliche Strukturen: So vielfältig die denkbaren und vorhandenen Freizeitberufe sind, so unterschiedlich sind die Aus- und Weiterbildungen; sie umfassen tourismusbetriebswirtschaftliche ebenso wie freizeitpädagogische Curricula, freizeitsportliche ebenso wie kulturwissenschaftliche Curricula, freizeitorientierte soziale Ausbildungen ebenso wie freizeitorientierte musisch/künstlerische – wir haben uns in diesem Handbuch nicht auf eine Richtung beschränkt, sondern versucht, diese inhaltliche und fachliche Vielfalt einzubeziehen.

In dieses breite Aus- und Weiterbildungsangebot versuchen die folgenden Kapitel einen Einblick zu verschaffen, wobei neben statistischen Beschreibungen auch 142 Einzelportraits von Freizeit-Curricula helfen sollen.

1.1 Ziel der Erhebung

Erhoben werden sollten für die Bundesrepublik Deutschland und West-Berlin alle "Freizeit-Curricula", also Aus-, Fort- und Weiterbildungsmöglichkeiten für Freizeitberufe. Ziel war eine Totalerhebung, durch die eine vergleichbare Erhebung von 1985/1986 in erweiterter Form wiederholt werden sollte (vgl. Freizeit-Curriculum-Katalog, Bielefeld 1986). Damit sollte der wachsenden Nachfrage nach Informationen über diese Aus-, Fort- und Weiterbildungsmöglichkeiten entsprochen werden.

1.2 Erhebungsmethode

Die Erhebung wurde durch Fragebögen mit mehreren Erinnerungsanschreiben und Nachfragedurchläufen als schriftliche Befragung (auf dem Postweg) durchgeführt. Dabei wurden zunächst alle Einrichtungen angeschrieben, deren Engagement in der Aus- und Weiterbildung von Freizeitfachkräften bekannt war; die Grundlage bildeten insbesondere der Freizeit-Curriculum-Katalog für deutschsprachige Länder Europas von 1986 und die Dokumentation der 4. Bielefelder Winterakademie "Freizeit-Curricula" von 1987. Zweitens wurden alle Einrichtungen angeschrieben, auf deren Veranstaltungen und Fortbildungsprogramme zwischen 1987 und Anfang 1989 in den Fachzeitschriften "Animation" und "Freizeitpädagogik" hingewiesen wurde. Drittens haben wir die Fachbereiche und Fakultäten bundesdeutscher Hochschulen und Fachhochschulen angeschrieben, deren Vorlesungsverzeichnisse in der Universitätsbibliothek Bielefeld vorhanden waren und die auf ein Engagement im

Freizeitbereich hinwiesen. Viertens sind Übersichten über Studienmöglichkeiten in der Bundesrepulik Deutschland analysiert worden, wie sie beispielsweise 1988 die Westdeutsche Rektorenkonferenz herausgegeben hat. Und schließlich sind alle weiteren Einrichtungen und Organisationen angeschrieben worden, auf die wir während der laufenden Erhebung durch die Anwortenden aufmerksam gemacht worden sind. Wenig Einfluß hatten wir darauf, ob unser Fragebogen beantwortet wurde oder nicht. Im Kapitel 3, in dem alle Curricula inhaltlich geordnet übersichtartig aufgeführt werden, haben wir daher Einrichtungen ergänzt, von denen bislang keine weiteren Angaben vorliegen außer der, daß es dort ein Aus- oder Weiterbildungsangebot für freizeitberufliche Tätigkeiten gibt.

Dem unterschiedlichen Charakter von Freizeit-Curricula in Hochschulen und Fachhochschulen (Studium) und in sonstigen Aus- und Weiterbildungseinrichtungen entsprechend, wurden zwei Fragebögen entwickelt, die in einigen Fragen unterschiedlich, in zentralen Bereichen aber gleich gestaltet waren. Wenn im folgenden von "Hochschulen" gesprochen wird, ist jeweils das Ensemble der unterschiedlichen Hoch- und Fachhochschulen gemeint, und mit dem Kürzel "sonstige Institutionen" fassen wir das ganze Spektrum der übrigen Einrichtungen und Organisationen zusammen.

Die statistische Auswertung erfolgte edv-gestützt, unter Anwendung des SPSS-Programmpaketes. Darüberhinaus wurden auf der Grundlage der zugesandten Fragebögen, Studienordnungen, Bildungsprogramme und sonstigen Materialien Einzelportraits aller bekannt gewordenen Freizeit-Curricula erstellt. Diese Kurzportraits wurden vor der Veröffentlichung nochmals allen Einrichtungen zur Überprüfung und ggf. Korrektur und Ergänzung zugesandt.

1.3 Kurzergebnis der Erhebung

1.3.1 Grunddaten der Freizeit-Curricula

Für 1989 wurden 142 Freizeit-Curricula, davon 53 an Hochschulen ermittelt. 1986 wurden erst insgesamt 53 Freizeit-Curricula gezählt. Ihre Zahl hat sich damit in nur drei Jahren mehr als verdoppelt.

Tab. 1: **Grunddaten der Erhebung**

	Insgesamt		Hochschulen		sonst. Instit.	
	Anzahl	%	Anzahl	%	Anzahl	%
Angeschrieben wurden:	305	100.0	111	100.0	194	100.0
geantwortet haben:	168	55.1	60	54.1	108	55.6
Angaben aus anderen Quellen:	18	5.9	11	9.9	7	0.7
Vorliegende Angaben ges.:	186	61.0	71	64.0	115	59.3
Anzahl bekannter FZ-Curricula:	142	76.3*	53	74.7*	89	77.4*
Antwort: kein FZ-Curriculum:	44	23.7*	18	25.3*	26	22.6*
stat. auswertb. Curr.-Angaben:	106	74.6***	36**	67.9	70	78.6
nur bekannt mit Kurzportrait:	36	25.4	17	32.1	19	21.4

*   Die Prozentzahlen beziehen sich auf alle vorliegenden Antworten
** Es lagen 36 statistisch auswertbare Fragebögen aus 32 unterschiedlichen Hochschulen vor.
*** Die Prozentzahlen beziehen sich ab hier auf die Gesamtzahl bekannter Freizeit-Curricula.

Die deutliche Steigerung der Gesamtzahl bekannter Freizeit-Curricula seit 1986 (142 statt 53) erklärt sich durch zwei Umstände: Erstens sind die bestehenden Curricula bei der neuen Erhebung vollständiger vertreten, und zweitens sind seit 1986 eine Reihe ganz neuer Aus- und Weiterbildungen für Freizeitberufe entstanden, wie ein Blick auf Tab. 2 belegt. Freizeit-Curricula stellen gegenwärtig offensichtlich im Bildungswesen einen starken "Wachstumsbereich" dar.

Tab. 2: **Entstehungsjahr der Freizeit-Curricula**
(1989 = 100 %)

	Hochschulen	sonst. Instit.
	%	%
bis 1972	9.4	19.7
bis 1977	18.8	31.8
bis 1978	34.4	31.8
bis 1979	43.8	33.3
bis 1980	50.0	34.8
bis 1981	53.1	40.9
bis 1982	56.3	51.5
bis 1984	62.5	65.2
bis 1986	81.3	77.3
bis 1988	96.9	93.9

Die Prozentangaben beziehen sich auf die in beiden Gruppen jeweils vorliegenden ausgefüllten Fragebögen. Ab 1986 sind also 18.7% (n=9) der Hochschul-Curricula und 22.7% (n=19) der sonstigen Curricula entstanden. Die Motive der Verantwortlichen für die Entwicklung dieser Aus- und Weiterbildungen wurden nicht erfragt. Da seit Beginn der 80er Jahre auch Hochschulabsolventen Probleme des Berufseinstiegs kennengelernt haben, wird bei den Hochschul-Curricula die Hoffnung auf das Arbeits- und Berufsfeld Freizeit mit entscheidend gewesen sein. Für die sonstigen Institutionen wird diese Annahme nur bedingt zutreffen, denn sie müssen sich in ihrer beruflichen Aus- und Weiterbildung stärker als Hochschulen an der Nachfrage orientieren, also an den Aus- und Weiterbildungswünschen aus dem Berufsfeld Freizeit.

1.3.2 Regionale Verteilung

Bei der regionalen Verteilung der in die Untersuchung einbezogenen Curricula sind zwei Fragen interessant: erstens wie sich die Antworten auf die einzelnen Bundesländer aufteilen, und zweitens wieviel Prozent der insgesamt in den Bundesländern vorhandenen Bildungseinrichtungen Aus- und Weiterbildungen für Freizeitberufe anbieten. Die zweite Frage läßt sich nur für die Hochschulen beantworten, weil für sie aus den Grund- und Strukturdaten des Bundesministers für Bildung und Wissenschaft die Gesamtzahl der Hochschulen entnommen werden kann.

Tab. 3: **Hochschul-Curricula nach Bundesländern**

	Gesamt-zahl Hochsch.	Hochsch. mit FZ-Curric.	FZ-Anteil an Gesamt-zahl in %	Anteil Antwort. in %
Baden-Württ.	61	6*	9.8	15.1
Bayern	32	6	18.8	11.3
Berlin	10	4	40.0	7.5
Bremen	5	2	40.0	3.8
Hamburg	9	3	33.3	5.7
Hessen	24	6*	25.0	13.2
Nieders.	24	8**	33.3	17.0
NRW	48	9	18.8	17.0
Rheinl.-Pfalz	14	3	21.4	5.7
Saarland	5	0	0.0	0.0
Schlesw.-Hol.	12	2	8.3	3.8
bundesweit	244	49***	20.1	100.0

* Es handelt sich jeweils um 6 Hochschulen mit 8 (Bad.-Württ.) bzw. 7 (Hessen) Freizeit-Curricula.
** Hier sind es 8 Hochschulen mit (nach eigenen Angaben) 9 Freizeit-Curricula.
*** Insgesamt befinden sich die 53 Freizeit-Curricula also in 49 unterschiedlichen Hochschulen.

In der Spalte "Gesamtzahl Hochsch." sind für die Bundesländer die Gesamtzahlen der bestehenden Hochschulen (Stand 1988/89) genannt. Hierzu zählen neben den Universitäten und Fachhochschulen die Gesamthochschulen, Pädagogischen Hochschulen, Theologischen Hochschulen und Kunsthochschulen. In der Spalte "Hochsch. mit FZ-Curric." ist die Anzahl der Hochschulen genannt, die nach unserer Umfrage ein freizeitbezogenes Aus- oder Weiterbildungsstudium (bzw. Studienelement o.ä.) anbieten. Wir haben nun errechnet, in wieviel Prozent der bestehenden Hochschulen nach unserer Untersuchung freizeitorientierte Curricula vorhanden sind. Die Ergebnisse sind in der Spalte "FZ-Anteil an Gesamtzahl in %" aufgeführt, während in der Spalte "Anteil Antwort. in %" angegeben ist, wieviel Prozent der bei uns vorliegenden Antworten welchem Bundesland zuzuordnen sind.

Daraus ergibt sich, daß beispielsweise in Berlin und Bremen jeweils in 40% der Hochschulen Freizeit-Curricula bestehen und in Niedersachsen und Hamburg je in einem Drittel der Hochschulen. Im Bundesdurchschnitt errechnet sich für etwa jede fünfte Hochschule ein Freizeit-Curriculum! Überdurchschnittlich hohe Prozentzahlen weisen noch Hessen (25.0%) und Rheinland-Pfalz (21.4%) auf.

Tab 4.: **Sonstige Curricula nach Bundesländern**

	sonst. Institutionen	
	FZ-Curr.	% Antw.
Baden-Württ.	10	11.2
Bayern	10	11.2
Berlin	3	3.4
Bremen	1	1.1
Hamburg	0	0.0
Hessen	10	8.6
Nieders.	12	11.2
NRW	34	38.2
Rheinl.-Pfalz	2	2.2
Saarland	1	1.1
Schlesw.-Holst.	6	6.7
bundesweit	89	100.0

Bei den "sonstigen Institutionen" stammt ein Großteil der Fragebögen (38.2%) aus Nordrhein-Westfalen. Ob in diesem Bundesland die Aufgeschlossenheit gegenüber freizeitorientierten Aus- und Weiterbildungsangeboten oder 'nur' die Aufgeschlossenheit gegenüber unserer Erhebung besonders groß ist, kann noch nicht mit Sicherheit gesagt werden; darüber werden vielleicht weitere Erhebungen Auskunft geben.

1.3.3 Art der Einrichtungen

Einen Einblick in die Vielfalt der Einrichtungsarten, in denen Freizeit-Curricula bestehen, vermittelt die folgende Tabelle:

Tab. 5: **Art der Einrichtungen**

	sonst. Instit.	
	N	%
reine Bildungseinrichtung	38	42.7
unter anderem Bildungsangebote	51	57.3

	Hochschulen	
	N	%
Uni, Hochsch. GHS	27	50.9
Kunsthochschule	4	7.5
Päd. Hochschule	4	7.5
Sporthochschule	1	1.9
Fachhochschule	16	30.2
Berufsakademie	1	1.9

Bei den sonstigen Institutionen ist interessant, daß es sich lediglich bei 42.7% um reine Bildungseinrichtungen handelt, während über 57% auch andere Aufgaben wahrnehmen – häufig praktische Tätigkeiten in dem Bereich, für den auch aus- oder weitergebildet wird (Jugendreiseveranstalter, Verbandstätigkeiten, Forschungs- oder Beratungstätigkeiten, Theaterarbeit usw.).

Da Hochschulen per Definition Bildungseinrichtungen darstellen, ist hier die Unterscheidung der Hochschularten aufschlußreich. Etwa die Hälfte der Freizeit-Curricula entfällt auf Universitäten und Gesamthochschulen, rund ein Drittel befindet sich an Fachhochschulen (einschl. Berufsakademie) und die übrigen an Pädagogischen Hochschulen, Kunst- oder Musikhochschulen und Sporthochschulen. Zusammen entfallen über 80% der Curricula auf Universitäten und Fachhochschulen.

Die sonstigen Institutionen setzen sich so heterogen zusammen, daß aus den bisherigen Angaben keine eindeutig differenzierende oder typisierende Einrichtungskategorien gebildet werden konnten. Das Spektrum reicht vom kleinen eingetragenen Verein bis hin zu staatlich anerkannten Fachakademien.

1.3.4 Typisierung der Freizeit-Curricula

Auf die unterschiedlichen Ausprägungen der Aus- und Weiterbildungen haben wir schon hingewiesen. Hier wird eine erste Typisierung versucht. Bei den Hochschul-Curricula bildet dafür der Institutionalisierungsgrad und der erforderliche (Zeit-)Aufwand die Grundlage.

Abb. 2: **Typisierung der Hochschul-Curricula**

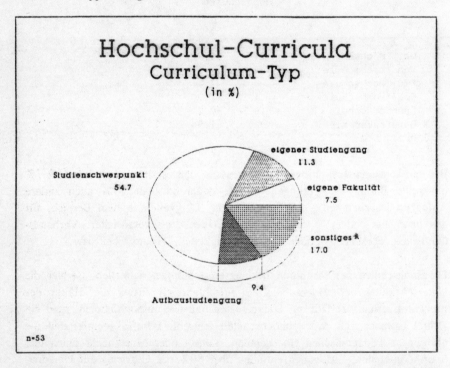

* Unter "sonstiges" sind zum Beispiel Weiterbildungsangebote, Wahlpflichtfächer oder ähnliche Sonderformen zusammengefaßt.

Innerhalb der Hochschulen ist bislang die Selbsteinschätzung als "Studienschwerpunkt" mit rund 55% deutlich am stärksten verbreitet. Aber schon rund 19% der uns bekannt gewordenen Aus- und Weiterbildungen für Freizeitberufe (im obigen umfassenden Sinn) auf Hochschulebene sind als eigenständige Studiengänge oder gar Fakultäten entwickelt worden, haben also einen sehr hohen Institutionalisierungsgrad erreicht. Erst durch eine mehrmalige Wiederholung unserer Untersuchung in einem bestimmten Rhythmus könnten Veränderungen genauer verfolgt und beispielsweise die Hypothese überprüft werden, daß sich Freizeit-Curricula stufenweise vom Studienelement über einen Studienschwerpunkt bis hin zum Studiengang oder zur Fakultät weiterentwickeln.

Die Typisierung der sonstigen Curricula basiert in erster Linie auf der Unterscheidung von Aus- und Weiterbildung, versucht aber darüberhinaus weitere Differenzierungen vorzunehmen. Auf den vorläufigen Charakter insbesondere dieser Differenzierungen und der vorgenommenen Zuordnungen weisen wir ausdrücklich hin; was für den einen als Ausbildung gilt, heißt beim anderen möglicherweise Zusatzausbildung, Fortbildung oder berufliche Weiterbildung. Auch die Unterscheidung zwischen Qualifikationsangeboten für hauptberufliche, ehrenamtliche oder nebenberufliche Tätigkeiten ist vermutlich nicht trennscharf, weil viele Aus- und Weiterbildungen für verschiedene Zielgruppen offenstehen.

Tab. 6: **Typisierung der sonstigen Curricula**

		sonst.	Instit.
a)	keine (Zusatz-)Ausbildung	47	52.8%
	eigenständ. (Zusatz-)Ausbildung	42	47.2%
	davon:		
	Ausbild. für hauptberufl. Tätigkeit	25	28.1%
	Ausbild. für ehrenamtl. Tätigkeit	6	6.7%
	Ausb. für beides/nebenberufl. Tätigk.	11	12.4%
b)	keine Weiterbildung	7	7.9%
	keine Angaben	1	1.1%
	Weiterbildungsangebote vorhanden	81	91.0%
	davon:		
	(haupt-)berufliche Weiterbildung	46	51.7%
	Weiterbild. für ehrenamtl. Tätigkeit	6	6.7%
	WB für beides o. nebenberufl. Tätigk.	29	32.6%
c)	keine Auftragsschulungen	64	71.9%
	keine Angaben	16	18.0%
	Auftragsschulungen ja	9	10.1%

```
d) keine Fachtagungen o.ä.              36    40.4%
   keine Angaben                         25    28.1%
   Fachtagungen ja                       28    31.5%

e) nur ein spezifisches Bildungsangebot  22    24.7%
   keine Angaben                          3     3.4%
   unterschiedliche Angebote             64    71.9%
```

Bei den sonstigen Institutionen geben etwa 52% an, berufsbezogene Weiterbildungsangebote (für hauptberuflich Tätige) durchzuführen. Die berufliche Weiterqualifikation steht bei den sonstigen Freizeit-Curricula also im Vordergrund. Dabei handelt es sich sowohl um Weiterbildung für Fachkräfte, die bereits in Freizeitberufen tätig sind, als auch um eine freizeitspezifische Weiterbildung beispielsweise für Sozialarbeiter, Kaufleute oder andere Berufsgruppen, auf die neuen Anforderungen zukommen.

Aber auf die sonstigen Freizeit-Curricula entfallen auch zu rund 28% eigenständige Ausbildungen oder Zusatzausbildungen für hauptberufliche Tätigkeiten im Freizeitbereich. Wer eine freizeitberufliche Ausbildung sucht, ist also nicht ausschließlich auf Universitäts- oder Fachhochschulstudiengänge angewiesen. Ihm oder ihr bieten sich auch andere Möglichkeiten, sei es berufsbegleitend oder in Vollzeitform (vgl. auch Tab. 9).

1.3.5 Stellenwert der Curricula in den Einrichtungen

Bereits die Typisierungsversuche lassen eine erste Einschätzung darüber zu, welcher Stellenwert einem Freizeit-Curriculum innerhalb einer Einrichtung und im Vergleich mit anderen Aus- und Weiterbildungen zukommt. Ergänzend wurde im Fragebogen eine Einschätzung der Wichtigkeit durch den Anwortenden erbeten. Außerdem wurden weitere Merkmale erhoben, die Aufschluß über die "Bedeutung" der Curricula geben.

Die Einschätzung des Antwortenden wurde mittels einer Bewertungsskala von 1 (= sehr geringer Stellenwert) bis 9 (= sehr hoher Stellenwert) abgefragt. Im folgenden sind die Mittelwerte und Standardabweichungen wiedergegeben.

Tab. 7: **Einschätzung der Wichtigkeit des Freizeit-Curriculums**

	Hochschulen		sonst. Instit.	
	MW*	SD**	MW	SD
in der Einrichtung	3.1	1.6	6.3	2.2
in der Fakultät	5.1	2.0	***	***
persönl. Auffassung	6.6	1.9	***	***

* MW = Mittelwert
** SD = Standardabweichung
*** Nicht erhoben

In der persönlichen Auffassung wird das vorhandene Freizeit-Curriculum von denjenigen, die den von uns übersandten Hochschul-Fragebogen beantworteten, als wichtig eingestuft. Deutlich geringere Bedeutung hat das Curriculum aus dieser Perspektive im größeren Rahmen, also auf der Fakultäts- und auf der Hochschulebene. Die Skepsis der etablierten Curricula gegenüber dem Neuen scheint dabei ebenso eine Rolle zu spielen wie die Tatsache, daß in großen Institutionen den einzelnen Bereichen nur eine Nebenrolle zukommen kann. Der Mittelwert, der für die Wichtigkeit des Freizeit-Curriculums aus persönlicher Sicht ermittelt wurde, bezeugt, daß die Vertreter dieses neuen Bereiches sich mit ihm identifizieren bzw. ihn selbstbewußt nach außen vertreten.

Die Vertreter der sonstigen Einrichtungen wurden lediglich nach ihrer Einschätzung der Wichtigkeit des Freizeit-Curriculums innerhalb der Gesamteinrichtung gefragt (ebenfalls auf einer Bewertungsskala von 1 bis 9). Hier wird mit 6.3 ein ähnlicher Mittelwert erreicht, wie er für die persönliche Auffassung der Hochschulvertreter errechnet wurde (6.6). Daraus wird ersichtlich, daß in den sonstigen Einrichtungen auf dieses Aus- bzw. Weiterbildungsangebot großer Wert gelegt wird, obwohl nur rund 43% reine Bildungseinrichtungen sind (vgl. Tab. 5). Die im Vergleich zu Hochschulen geringere Komplexität und größere Spezialisierung bilden dafür die wichtigste Erklärung.

Weiteren Aufschluß über den Stellenwert der Curricula geben für die Hochschulen beispielsweise Angaben zu den Zuständigkeitsbereichen der Dozenten und für die sonstigen Einrichtungen die Angebotsformen:

Tab. 8: Zuständigkeit der Dozenten im Rahmen der Hochschul-Curricula

```
                                      %
Zuständigkeit:
nur für Freizeit-Curriculum          6.5
schwerpunktmäßig für FZ-Curr.       61.3
schwerpunktmäßig für anderes        32.3
```

Das hier entstandene Bild ist keines, das nur positiv zu werten wäre. Rund zwei Drittel der Curricula geben an, daß die Dozenten überwiegend für diesen Bereich zuständig sind, ihm also einen Großteil ihrer Arbeit, Zeit und Aufmerksamkeit widmen können. Aber über 30% der Curricula müssen von den Dozenten quasi nebenher verwirklicht werden. Dies kann weder für die Dozenten noch die Studenten eine befriedigende Situation sein.

Tab. 9: **Ausbildungsformen der sonstigen Curricula**

```
                                        %
Angebot in Vollzeitform                19.4
berufsbegleitende Abendveranst.         6.5
berufsbegleitende Blockveranst.        56.5
sonstige Angebotsformen                17.7
```

Für die sonstigen Curricula bestätigen sich die Angaben aus Tab. 6, nach der der Schwerpunkt bei weiterbildenden Angeboten liegt, die in der Regel berufsbegleitend durchgeführt werden. Fast ein Fünftel erfordert aber auch ein "Vollzeitengagement".

Tab. 10: **Weitere Charakterisierungen der sonstigen Curricula**

```
                                         %
dauerhafte + regelmäßige Angebote       67.2
unregelmäßig wiederkehrende Ang.        29.9
befristete Angebote                      6.0
```

Über zwei Drittel der sonstigen Freizeit-Curricula werden in einem regelmäßigen Rhymthmus immer wieder angeboten, sind also als verläßliche Aus- und Weiterbildungen anzusehen.

1.3.6 Inhaltliche Zuordnung der Freizeit-Curricula

Die ermittelten Freizeit-Curricula zeichnen sich nicht nur formal und organisatorisch durch eine große Heterogenität aus, sondern auch hinsichtlich der (Aus-)Bildungsinhalte. Es lassen sich sowohl in den Hochschulen als auch in den sonstigen Einrichtungen inhaltlich fünf Gruppen von Curricula unterscheiden, wie die folgende Abb. 3 zeigt:

Abb. 3: **Inhaltliche Zuordnung der Freizeit-Curricula**

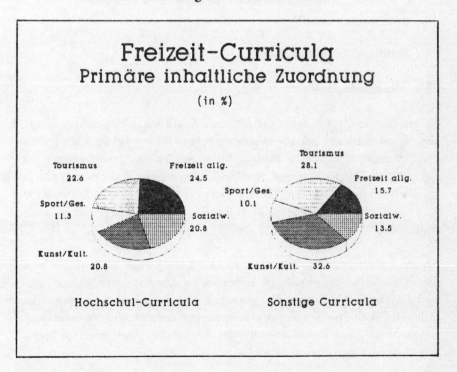

Ein Teil der untersuchten Institutionen befaßt sich *in umfassender Weise* mit Freizeitthematiken: auf Hochschul- und Fachhochschulebene immerhin fast ein Viertel, in den sonstigen Institutionen gut 15%. Die übrigen Institutionen lassen sich *spezifischen Inhaltsschwerpunkten* zuordnen. Es handelt sich dabei um eine Zuordnung, die keinen ausschließenden, doch aber einen unterscheidenden Charakter hat. In einem Curriculum der Gruppe "Tourismus/Reisen" mögen auch sportliche oder kulturelle Inhalte vorkommen, sie sind aber dann von nachrangiger Bedeutung. Andererseits spielen in den der Gruppe "Freizeit allgemein" zugeordneten Curricula die spezifischen Inhaltsbereiche Tourismus/Reisen, Sport/Gesundheit, Kunst/Kultur und Sozialwesen jeweils eine bestimmte Rolle, keiner davon wird aber dominant.

Die obige Zuordnung bildet zugleich die Basis für die Einteilung der Curricula in fünf Gruppen, die in bezug auf bestimmte interne Strukturen und externe Arbeitsfeldorientierungen relativ homogen sind.

1.4 Statistische Einzelergebnisse

1.4.1 Inhaltliche Strukturen

Die inhaltlichen Zuordnungen der einzelnen Curricula in fünf Gruppen (vgl. Abb. 3) erweisen sich sowohl in systematischer Hinsicht als auch bei statistischen Berechnungen (z.B. Korrelations- und Faktorenberechnungen) als aussagefähige Differenzierungen. Das heißt, in jeder der fünf Gruppen gibt es typische Präferenzen für und Abneigungen gegen: 1) inhaltliche Schwerpunkte, 2) fachliche Ausrichtungen, 3) angestrebte Tätigkeitsfelder und 4) angestrebte Anstellungsträger.

Um diese unterschiedlichen Präferenzen und Abneigungen in den fünf Gruppen zu verdeutlichen, werden im folgenden die Mittelwerte (MW) und Standardabweichungen (SD) für die genannten vier Fragestellungen vorgestellt. Diese Mittelwerte wurden aus den Bewertungen ermittelt, die die Erhebungsteilnehmer auf einer Rangskala von 1 bis 9 (unwichtig bis zentral) für vorgegebene Items vorgenommen haben.

Tab. 11: Mittelwerte für "inhaltliche Schwerpunkte" der Hochschul-Curricula – untergliedert nach Curriculum-Gruppen

Curr.-Gruppe: Gesamtzahl:	Alle Cur. n=53		Tourism. n=12		Sport/Ge. n=6		FZ allg. n=13		Kultur n=11		Sozialw. n=11	
	MW	SD	MW	SD	MW	SD	MW	SD	MW	SD	MW	SD
Tourismus	5.0	3.6	8.6	1.3	1.8	1.8	6.2	3.1	1.0	0.0	1.8	1.8
Soziokultur	4.4	3.0	2.6	2.2	1.6	1.3	5.4	2.7	7.3	1.7	7.3	2.1
Soz.päd. Bereich	4.0	3.3	1.0	0.0	4.2	3.0	5.0	3.0	4.0	3.8	8.2	1.3
Kultur	4.0	2.7	2.7	2.5	1.6	1.3	5.2	2.6	5.0	2.8	5.8	2.2
Kur/Gesundheit	3.9	3.2	4.3	3.9	4.4	3.4	4.8	2.9	1.0	0.0	3.2	2.7
Sport	3.2	3.1	1.0	0.0	8.0	1.7	4.0	3.4	1.0	0.0	2.6	1.8
Kunst/Musik	3.2	2.5	1.3	0.9	2.0	2.2	4.9	2.9	4.3	2.2	3.8	1.9
wohnungsnahe FZ	3.1	2.5	2.4	2.5	1.4	0.9	4.1	2.4	3.0	2.5	4.8	3.3
Therapie	2.4	2.1	1.0	0.0	4.0	2.6	2.9	2.2	2.0	2.0	3.0	2.8

Wir können und wollen an dieser Stelle nicht auf jeden einzelnen Wert eingehen, sondern verstehen diese und die folgenden Tabellen in erster Linie als Arbeitsmaterial, aus dem sich der Leser die Angaben heraussuchen kann, die ihn interessieren.

Die Standardabweichungen der Mittelwerte, die für die Gesamtheit der Hochschul-Curricula errechnet wurden (vgl. Spalte "Alle Cur."), belegen eine große Streubreite der einzelnen Bewertungen und damit die Verschiedenheit der Inhalte in den Hochschul-Curricula. Innerhalb von vier der fünf Gruppen werden die Mittelwerte insofern aussagefähiger, als sich daraus deutlichere Profile ablesen lassen. So kommen sozialpädagogische Inhalte in touristischen Curricula (MW = 1.0, SD = 0.0) ebensowenig vor wie z.B. sportliche oder touristische Inhalte in künstlerisch-kulturellen Curricula. Die Gruppe der Curricula, die sich mit "Freizeit allgemein" auseinandersetzen, weist dagegen ebenso uneinheitliche Mittelwerte und hohe Standardabweichungen auf wie sie für die Gesamtheit errechnet wurden. Ihre Gemeinsamkeit besteht vor allem darin, daß mehrere (aber nicht alle möglichen) Inhaltsbereiche als gleichrangig angesehen werden, daß die Qualifikation stärker als Querschnittkompetenz denn als Spezialkompetenz ausbildet werden soll.

Tab. 12: Mittelwerte für "inhaltliche Schwerpunkte" der sonstigen Curricula – untergliedert nach Curriculum-Gruppen

Curr.-Gruppe: Gesamtzahl:	Alle Cur. n=89		Tourism. n=25		Sport/Ge. n=9		FZ allg. n=14		Kultur n=29		Sozialw. n=12	
	MW	SD	MW	SD	MW	SD	MW	SD	MW	SD	MW	SD
Kultur	5.5	3.0	3.8	2.7	2.0	1.6	6.2	2.5	8.1	1.4	4.4	2.4
Soziokultur	5.0	3.1	3.2	2.4	2.4	1.8	5.8	2.4	6.7	2.8	5.7	3.4
Sozialpädagogik	4.9	3.3	3.2	3.1	2.5	2.1	5.8	3.0	5.6	3.1	7.3	2.7
Kunst/Musik	4.4	3.0	2.1	1.9	1.8	1.4	5.1	2.3	7.4	2.2	3.1	2.1
Tourismus	3.8	3.3	8.4	1.4	1.6	1.1	4.5	3.1	1.7	1.2	1.4	1.0
Sport	3.0	2.8	1.7	1.4	7.3	2.0	4.5	3.6	2.1	1.6	1.9	1.5
Kur/Gesundheit	2.8	2.4	2.9	2.6	4.8	2.7	3.8	3.0	1.7	1.5	2.0	1.7
wohnungsnahe FZ	2.6	2.6	1.3	0.6	2.5	2.6	4.2	3.0	3.0	3.0	2.2	2.4

Bei den sonstigen Curricula bestätigen sich der Tendenz nach die meisten Feststellungen, die für die Hochschul-Curricula getroffen wurden. Ein Unterschied besteht in der deutlich stärkeren Betonung künstlerisch/musischer Inhalte bei den kulturellen Curricula. Hier geht es also weniger um Kulturwissenschaft als um konkrete Kulturarbeit, an der sich die Aus- oder Weiterbildung ausrichtet. Weiterhin spielen in den der Gruppe "Freizeit allgemein" zugeordneten Curricula, anders als bei den Hochschulen, eher kulturelle als touristische Inhalte eine Rolle.

Es ist bekannt, daß Praxiserfahrungen bei Bewerbungs- und Einstellungsverfahren insbesondere von Hochschulabsolventen von großem Wert sind. Darum wurden nicht nur inhaltliche Schwerpunkte der Hochschul-Curricula erhoben, sondern auch vorhandene (oder fehlende) Praxisbezüge.

Tab. 13: **Praxisbezüge der Hochschul-Curricula**

	ja (%)	nein (%)
(obligatorisches) Praktikum:	87.1	12.9
weitere Praxisbezüge durch:*		
- Praxisprojekte	41.9	
- Praxissemester	16.1	
- Lehrbeauftragte aus Praxis	64.5	

* Mehrfachnennungen

Inwieweit diese vielfältigen Formen der Praxisvermittlung ausreichen, kann wegen nur mangelhafter Angaben zur Dauer der Praktika und den Praktikumsfeldern nicht gesagt werden. Positiv zu bewerten ist der hohe Anteil von Hochschul-Curricula, die die Absolvierung von Praktika verlangen. Die Prozentzahl von rund 87 belegt, daß es sich hierbei nicht nur um Fachhochschulen handelt, die per Definition und Auftrag einen engen Praxisbezug aufweisen sollen, sondern auch um wissenschaftliche Hochschulen.

Eine an der Universität Göttingen durchgeführte Untersuchung, in der mögliche Anstellungsträger für Absolventen des freizeitpädagogischen Studienganges befragt wurden, hat u.a. gezeigt, daß verstärkt praktische Kompetenzen erforderlich sind, die nicht genuin pädagogischen Ursprungs sind, wie z.B. Kompetenzen im Bereich Verwaltung und betriebliche Organisation, Finanzierung, politische Durchsetzung und Öffentlichkeitsarbeit (vgl. DE HAEN 1989). Dies würde für längere Praktika außerhalb der Hochschulen sprechen, wie z.B. Anerkennungsjahre nach oder Praxissemester während des Studiums.

1.4.2 Fachliche Bindung und Ausrichtung

Die augenfälligste fachliche Bindung der Hochschul-Curricula ist durch ihre Zugehörigkeit zu einer Fakultät bzw. zu einem Fachbereich gegeben.

Abb. 4: Fachbereichs- bzw. Fakultätseinbindung der Hochschul-Curricula

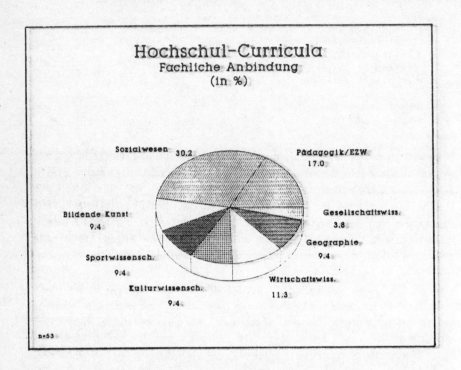

Ein Anteil von über 30% (n=16) der Curricula ist an sozialpädagogisch-sozialarbeiterisch ausgerichteten Fachbereichen oder Fakultäten angegliedert bzw. in sie integriert. Das bedeutet nicht – wie man vielleicht vermuten könnte –, daß alle 16 Fachhochschul-Curricula (vgl. Tab. 5) an "sozialen" Fachbereichen bestehen, ein Teil ist auch betriebs- bzw. wirtschaftswissenschaftlichen Fachbereichen zugeordnet. Faßt man die fachlichen Anbindungen "Sozialwesen" und "Pädagogik/EZW" zusammen, so erhält man für fast die Hälfte (47.2%) aller bekannten Freizeit-Curricula einen (sozial-)pädagogischen Entstehungshintergrund.

Weitere Angaben zur fachlichen Struktur der Curricula lassen sich den Einschätzungen der Erhebungsteilnehmer entnehmen, die die Bedeutung ausgewählter Fachrichtungen anhand einer Bewertungsskala (von 1 bis 9) einstufen sollten.

Tab. 14: Mittelwerte für "fachliche Ausrichtungen" der Hochschul-Curricula – untergliedert nach Curriculum-Gruppen

	Alle Cur.		Tourism.		Sport/Ge.		FZ allg.		Kultur		Sozialw.	
	MW	SD	MW	SD	MW	SD	MW	SD	MW	SD	MW	SD
pädagogisch	5.7	3.5	1.8	2.2	7.2	2.7	7.9	1.6	5.5	4.1	7.6	2.6
soziologisch	4.4	2.7	2.0	1.3	5.0	4.0	5.0	2.3	6.3	2.5	5.8	1.9
psychologisch	4.1	2.8	2.2	1.6	4.8	3.9	4.9	2.4	3.5	3.8	5.8	2.6
musisch/künstl.	3.5	2.5	1.1	0.3	2.6	2.3	5.8	2.1	3.8	2.7	4.6	0.9
betriebswirt.	3.5	2.9	6.3	2.9	1.2	0.4	2.9	2.4	3.5	3.3	1.6	0.9
geographisch	3.3	3.0	6.2	3.2	1.2	0.4	3.1	2.7	1.0	0.0	1.6	0.9
administrativ	3.1	2.3	3.0	2.3	2.8	2.7	3.1	1.9	3.3	3.9	3.6	2.3
sportfachlich	3.0	3.1	1.0	0.0	7.2	3.5	4.3	3.2	1.0	0.0	1.6	1.1
historisch	2.8	2.5	3.3	3.3	1.0	0.0	3.3	2.4	2.3	2.5	2.8	2.1
therapeutisch	2.6	2.5	1.0	0.0	4.2	3.6	3.4	2.7	1.3	0.5	3.4	2.5
volkswirtschaft.	2.3	2.0	3.6	2.7	1.4	0.9	2.2	2.0	1.3	0.5	1.8	1.1

Auch hier soll auf detaillierte Interpretationen verzichtet und nur das Augenmerk auf einige Sachverhalte gelenkt werden.

Touristische Freizeit-Curricula sind an Hochschulen vor allem geographisch oder betriebswirtschaftlich ausgerichtet, künstlerisch-kulturelle Curricula dagegen vor allem geisteswissenschaftlich. Bei den übrigen Gruppen dominiert eine pädagogisch-sozialwissenschaftliche Ausrichtung. Konkretes Fachwissen und praktische Kompetenz aber, z.B. im sportlichen oder künstlerisch-musischen Bereich, wird in Hochschul-Curricula hiernach nur in Ausnahmen vermittelt, etwa wenn es sich um sportwissenschaftliche Fakultäten oder Musikhochschulen handelt.

Tab. 15: **Mittelwerte für "fachliche Ausrichtungen" der sonstigen Curricula - untergliedert nach Curriculum-Gruppen**

	Alle Cur.		Tourism.		Sport/Ge.		FZ allg.		Kultur		Sozialw.	
	MW	SD	MW	SD	MW	SD	MW	SD	MW	SD	MW	SD
pädagogisch	6.5	3.0	4.1	3.4	6.0	2.6	7.6	2.6	7.4	2.4	7.6	2.2
musisch/künstl.	4.9	3.2	2.6	2.3	2.0	2.4	4.6	2.2	8.2	1.3	3.6	2.2
psychologisch	4.7	2.7	4.6	2.8	3.8	2.6	5.7	2.1	4.0	2.8	6.3	2.8
soziologisch	3.1	2.3	2.7	2.0	3.4	2.6	4.0	2.4	2.7	2.2	3.8	2.6
betriebswirt.	2.9	2.8	4.4	3.1	2.0	2.6	4.0	3.3	2.1	2.5	1.4	0.7
sportfachlich	2.9	2.7	1.9	1.4	7.6	1.8	3.1	3.1	2.0	1.8	1.6	1.3
administrativ	2.9	2.6	3.4	2.8	2.8	2.8	4.2	3.3	1.9	1.5	3.1	3.0
therapeutisch	2.8	2.5	1.2	0.5	3.5	2.5	2.2	2.2	3.1	2.5	5.1	3.1
historisch	1.9	1.8	2.1	2.1	1.0	0.0	2.8	2.3	2.1	1.8	1.1	0.3
volkswirtschaft.	1.7	1.8	2.1	2.3	2.1	2.7	2.3	2.4	1.2	0.7	1.1	0.3
geographisch	1.6	1.7	3.3	2.7	1.0	0.0	1.0	0.0	1.1	0.4	1.0	0.0

Die starke geographische bzw. betriebswirtschaftliche Ausrichtung touristischer Hochschul-Curricula bestätigt sich hier nicht. Offenbar sind hier eine Reihe reisepädagogischer Aus- und Weiterbildungen vertreten, die in der Reihe "pädagogische" Ausrichtung einen ähnlich hohen Mittelwert verursachen wie er für die "betriebswirtschaftliche" und "psychologische" Ausrichtung errechnet wurde.

1.4.3 Angestrebte Arbeits- und Berufsfelder für Absolventen

Von besonderem Interesse war für uns der Vergleich der Ausbildungsinhalte und -fächer mit den angestrebten Arbeitsfeldern und Anstellungsträgern für die Absolventen. Nach den internen Merkmalen der Freizeit-Curricula kommen wir daher nun zu den externen Orientierungen. Es ist zu beachten, daß gerade unter den sonstigen Curricula auch solche vertreten sind, die nicht für eine (haupt-)berufliche, sondern für eine neben- oder ehrenamtliche Tätigkeit im Freizeitbereich qualifizieren wollen. Diese Einrichtungen haben aber i.d.R. die Fragen zur Relevanz ausgewählter Arbeits- und Berufsfelder nicht beantwortet, so daß die vorliegenden Angaben für beruflich orientierte Curricula als aussagefähig anzusehen sind.

Tab. 16: Mittelwerte für "angestrebte Arbeitsfelder" der Hochschul-Curricula – untergliedert nach Curriculum-Gruppen

	Alle Cur.		Tourism.		Sport/Ge.		FZ allg.		Kultur		Sozialw.	
	MW	SD	MW	SD	MW	SD	MW	SD	MW	SD	MW	SD
Tourismus	5.1	3.6	9.0	0.0	2.4	2.2	5.2	3.5	2.0	1.1	1.6	0.9
soz.päd. Bereich	4.8	3.6	1.4	1.2	4.8	3.6	6.0	3.3	6.3	3.8	9.0	0.0
Beratung/Animat.	4.6	2.7	3.1	2.4	4.2	2.9	5.2	2.7	5.8	2.5	6.0	3.1
soziokult. Ber.	4.4	3.4	1.6	1.3	2.0	2.2	6.2	3.1	7.0	2.3	8.3	1.5
Bildungsbereich	4.4	3.1	2.9	3.3	3.0	2.8	5.1	2.4	5.0	3.3	6.2	3.3
Naherholung	4.0	3.3	5.3	3.5	3.6	3.7	4.8	3.6	1.0	0.0	2.0	1.4
Kurbereich	3.9	3.1	4.8	3.5	4.0	3.3	4.6	2.8	1.0	0.0	2.6	2.6
Gesundheitsber.	3.3	2.9	1.9	2.1	5.4	3.6	4.0	2.8	1.0	0.0	4.6	3.6
Breitensport	3.1	3.0	1.2	0.6	8.2	0.8	3.9	3.2	1.0	0.0	2.4	2.2
wissensch. Ber.	3.1	2.7	3.7	2.7	1.4	0.9	3.1	3.2	3.0	2.8	3.4	3.3
Ber. Umweltsch.	2.6	2.5	2.6	3.0	1.0	0.0	3.5	2.7	2.0	1.4	2.5	3.0

Die Gruppe der Curricula, die sich allgemein mit Freizeit beschäftigt, weist relativ hohe Mittelwerte für die meisten Arbeitsfelder auf. Die ebenfalls großen Streuungen weisen aber darauf hin, daß nicht alle Curricula alle Arbeitsfelder avisieren, sondern daß spezifische Präferenzen bestehen, die hieraus nicht ablesbar sind. In den übrigen Gruppen dagegen gibt es relativ deutliche Präferenzen für einzelne Arbeits- und Berufsfelder. Diese Präferenzen stimmen mit den Angaben zu den inhaltlichen Schwerpunkten weitgehend überein. So geben alle touristischen Curricula an, daß sie das Arbeits- und Berufsfeld Tourismus als zentral für die Absolventen ansehen (MW = 9.0), Freizeit-Curricula aus dem Bereich Sozialwesen und Kunst/Kultur sehen die Berufsfelder für ihre Absolventen eindeutig im sozialpädagogischen und soziokulturellen Bereich und die Absolventen sportlicher Curricula sollen im Freizeit- und Breitensportbereich arbeiten.

Tab. 17: Mittelwerte für "angestrebte Arbeitsfelder" der sonstigen Curricula – untergliedert nach Curriculum-Gruppen

	Alle Cur.		Tourism.		Sport/Ge.		FZ allg.		Kultur		Sozialw.	
	MW	SD	MW	SD	MW	SD	MW	SD	MW	SD	MW	SD
soz.päd. Bereich	5.5	3.3	3.6	3.1	3.1	2.8	7.4	1.9	6.4	3.0	7.8	2.7
Beratung/Animat.	5.4	3.0	4.4	2.8	4.0	3.0	6.8	2.8	5.9	2.0	6.2	3.2
soziokult. Ber.	5.2	3.4	3.3	2.5	1.7	1.3	7.6	1.6	7.3	2.7	5.0	4.0
Bildungsbereich	4.4	3.1	2.6	1.7	2.6	2.3	6.0	3.2	5.5	3.4	5.3	1.7
Tourismus	4.2	3.5	8.6	1.0	2.8	2.8	4.9	3.7	1.6	1.2	1.2	0.4
Gesundheitsber.	3.9	2.9	1.9	2.1	5.9	2.5	6.1	3.0	2.7	2.3	2.7	2.9
Naherholung	3.3	2.9	4.2	3.1	2.6	2.5	5.9	3.3	2.3	2.1	1.8	2.0
Breitensport	3.0	2.8	1.8	1.3	7.1	1.9	4.8	3.7	1.9	1.6	1.8	1.6
Kurbereich	2.8	2.6	3.7	3.2	3.8	3.0	4.2	3.4	2.0	1.4	1.1	0.3
wissensch. Ber.	2.4	2.2	2.4	2.6	2.0	2.1	2.1	2.3	2.8	2.3	1.9	1.7
Ber. Umweltsch.	2.4	2.5	3.0	2.5	1.6	1.3	4.4	3.8	1.5	1.3	2.0	2.8

Auffällig ist die im Vergleich zu den Hochschul-Curricula eindeutigere Orientierung der allgemeinen Freizeit-Curricula an sozialpädagogischen und soziokulturellen Berufsfeldern. Sie konkurrieren dort in erster Linie mit den Absolventen der "Sozialwesen"-Curricula sowie der "Kultur"-Curricula.

Ob die angestrebten Arbeits- und Berufsfelder von den Absolventen bzw. Teilnehmern tatsächlich erreicht werden, wird aber nur von wenigen Institutionen genauer verfolgt. Nur vier Hochschulen gaben an, daß sie Absolventen-Erhebungen durchgeführt haben und somit über den Verbleib der Studenten informiert sind. Weitere acht gaben an, daß Absolventen-Erhebungen in der Planung sind. Insgesamt muß den Hochschulen aber bisher ein noch zu geringes Interesse am beruflichen Schicksal der Absolventen bescheinigt werden. Die Erkenntnis, daß auch für Hochschulabsolventen nicht mehr automatisch eine berufliche Karriere vorgezeichnet ist, hat offenbar noch nicht überall dazu geführt, daß intensivere Auseinandersetzungen und/oder Kontakte mit den möglichen Berufsfeldern entwickelt werden.

Daß eine solche Auseinandersetzung notwendig wäre, mögen die Absolventenzahlen der Freizeit-Curricula verdeutlichen. Erfragt wurden die Absolventenzahlen der Jahre 1985, 1986 und 1987. Die von 17 Hochschulen gemachten Angaben wurden zusätzlich auf die insgesamt bekannten 53 Hochschulen hochgerechnet. Dabei ergibt sich folgendes Bild:

Tab. 18: Absolventenzahlen der Hochschul-Curricula

Jahr:	1985	1986	1987
N:	17	17	17
durchschnittl. Absolventenzahl:	20,9	21,8	21,4
Summe Absolventen:	355	370	363
hochgerechnet auf 53 Hochschul-Curr.:	1106	1153	1131

Bei aller Vorsicht kann man hiernach davon ausgehen, daß pro Jahr in der Bundesrepublik einschließlich West-Berlin rund 1.000 Studenten mit einem Hochschul- oder Fachhochschulabschluß aus einem freizeitorientierten Studiengang auf den Arbeitsmarkt und in das Berufsfeld Freizeit drängen. Wieviele dieser Absolventen eine ihrer Ausbildung entsprechende geeignete Arbeit finden, ist bislang nicht untersucht. Zwar gilt der Freizeitbereich neben dem Bereich Umweltschutz als wichtigste Wachstumsbranche der Zukunft, doch ob bzw. in welcher Form sich eine dem konstatierten Bedarf entsprechende Nachfrage nach professionellen oder gar akademisch (aus-)gebildeten Fachleuten entwickeln wird, das weiß eigentlich niemand.

1.4.4 Angestrebte Anstellungsträger für Absolventen

Die Angaben der Aus- und Weiterbildungseinrichtungen zu den angestrebten Arbeits- und Berufsfeldern sollten durch Bewertungen ausgewählter Branchen und Anstellungsträger ergänzt und konkretisiert werden.

Tab. 19: Mittelwerte für "angestrebte Anstellungsträger" der Hochschul-Curricula - untergliedert nach Curriculum-Gruppen

	Alle Cur.		Tourism.		Sport/Ge.		FZ allg.		Kultur		Sozialw.	
	MW	SD	MW	SD	MW	SD	MW	SD	MW	SD	MW	SD
kommun. FZ-Einr.	6.6	2.7	5.7	3.7	7.0	1.6	6.6	2.5	5.7	2.9	8.6	0.5
Reiseveranstal.	4.9	3.2	7.8	2.4	4.5	3.1	5.2	2.4	1.0	0.0	1.4	0.9
öffentl. Verw.	4.9	3.0	4.0	3.2	5.0	2.8	5.1	3.1	5.0	3.6	6.2	3.3
Fremd.verk.verb.	4.9	3.2	7.0	2.9	3.4	2.6	5.8	3.1	2.0	1.7	2.0	1.4
Bildungseinrich.	4.7	3.1	3.1	3.1	4.0	3.8	4.9	2.3	7.0	3.5	6.6	2.9
Wohlfahrtsverb.	4.5	3.3	1.4	1.0	6.0	2.6	5.0	2.6	3.7	4.6	8.8	0.4
Hotels, Ferienc.	4.3	3.2	6.9	2.9	5.3	2.9	4.0	2.8	1.0	0.0	1.3	0.5
Selbständigkeit	4.2	2.6	5.6	2.6	3.8	3.1	4.7	2.1	2.7	2.9	1.8	1.1
Vereine/fr. Einr.	4.2	3.4	2.5	2.9	6.4	3.2	4.5	3.5	2.0	1.7	6.0	3.5
Firmen Dienstl.	3.7	3.1	5.0	4.0	4.3	3.9	3.6	2.1	1.5	0.7	2.4	2.2
Sportverb./verei.	3.7	3.3	1.3	0.7	8.2	0.8	4.7	3.6	1.0	0.0	3.6	2.4
Krankenhs./Klin.	2.7	2.4	1.5	1.1	5.0	2.9	3.1	2.0	1.0	0.0	3.8	3.6
Fa. Handw./Ind.	2.6	2.5	1.8	2.2	3.8	3.2	3.6	2.8	1.0	0.0	2.4	2.2
Musik/Kunstsch.	2.4	2.0	1.5	1.4	1.0	0.0	3.0	2.1	3.7	2.3	3.3	2.9
Krank.kass./Vers.	2.3	2.6	1.4	1.1	6.7	4.0	1.9	1.9	1.0	0.0	2.5	3.0

Ähnliches wie für die Arbeitsfelder allgemein gilt auch für die angestrebten Anstellungsträger, wobei die Ablehnung bzw. Vernachlässigung bestimmter Anstellungsträger in den Gruppen einmütiger zu sein scheint als die Zustimmung. Sehr große Beachtung finden in allen Curriculum-Gruppen kommunale Freizeiteinrichtungen, während die Perspektive "Selbständigkeit" in erster Linie für die touristischen Curricula, mit Einschränkungen noch für die Gruppe der umfassend mit Freizeit beschäftigten Curricula, eine Rolle spielt, während die kulturell und sozial ausgerichteten Einrichtungen dies für ihre Absolventen nicht im Blick haben.

Tab. 20: **Mittelwerte für "angestrebte Anstellungsträger" der sonstigen Curricula – untergliedert nach Curriculum-Gruppen**

	Alle MW	SD	Tourism. MW	SD	Sport/Ge. MW	SD	FZ allg. MW	SD	Kultur MW	SD	Sozialw. MW	SD
Vereine/fr. Einr.	5.6	3.4	4.9	3.8	4.3	3.6	7.5	1.4	5.7	3.5	6.4	3.6
kommun. FZ-Einr.	5.5	3.3	4.9	3.2	3.4	3.2	6.8	2.3	7.4	2.2	4.1	4.0
Bildungseinrich.	4.5	3.1	2.5	1.7	2.4	1.9	7.1	2.2	5.8	3.0	5.0	3.5
Wohlfahrtsverb.	4.3	3.3	2.4	2.7	2.3	2.4	6.2	3.6	4.7	3.0	6.4	3.3
öffentl. Verw.	3.8	3.1	4.3	3.6	2.6	1.9	4.7	3.3	3.5	3.3	4.3	3.4
Reiseveranstal.	3.8	3.1	6.8	2.5	2.4	2.3	6.2	3.0	1.7	1.0	1.8	1.6
Fremd.verk.verb.	3.7	3.2	7.2	2.9	2.3	2.4	5.5	3.4	1.8	1.1	1.5	0.8
Selbständigkeit	3.7	2.8	4.0	2.9	2.5	2.5	3.6	2.7	4.3	2.6	3.0	3.4
Hotels, Ferienc.	3.5	2.9	5.7	3.1	3.1	2.7	5.0	3.3	1.7	1.5	1.8	1.8
Sportverb./verei.	3.2	2.8	1.6	1.3	5.7	3.4	4.0	3.7	2.4	1.7	3.5	3.2
Musik/Kunstsch.	2.6	2.5	1.4	0.7	1.3	0.7	3.6	3.4	4.4	2.8	1.4	0.9
Firmen Dienstl.	2.5	2.4	2.7	2.9	2.0	2.1	3.5	3.1	2.2	2.3	2.3	2.0
Krankenhs./Klin.	2.4	2.6	1.1	0.3	2.9	3.5	3.6	3.8	2.4	1.8	3.2	3.1
Fa. Handw./Ind.	1.7	1.9	1.0	0.0	1.8	2.1	4.0	3.6	1.2	0.6	1.8	1.3
Krank.kass./Vers.	1.6	1.9	1.1	0.3	2.0	2.8	7.4	3.6	1.0	0.0	1.4	0.9

Auch bei den sonstigen Curricula ist die Ablehnung einzelner Anstellungsträger in den Gruppen eindeutiger als die Zustimmung. Vor diesem Hintergrund ist die deutliche Vereins- und Bildungsorientierung der Gruppe, die sich umfassend/allgemein mit Freizeit befaßt, etwas überraschend, zumal sich diese Gruppe ansonsten durch geringe Eindeutigkeit oder – positiv formuliert – durch allseitige Offenheit auszeichnet. Die Perspektive der "Selbständigkeit" spielt hier eine noch geringere Rolle als in den Hochschul-Curricula, was sich durch den größeren Anteil weiterbildender Curricula erklären läßt. Nicht so sehr der Berufseinstieg steht dabei im Vordergrund, sondern die Weiterqualifizierung bzw. das berufliche Fortkommen.

1.4.5 Erweiterungsplanungen und Perspektiven der Curricula

Abschließend soll der Blick in die Zukunft gerichtet werden. Uns interessierte, ob die Einrichtungen ihren freizeitorientierten Aus- oder Weiterbildungsbereich zu erweitern planen und welche Erweiterungen ggf. vorgesehen sind.

Tab. 21: **Erweiterungsplanungen im freizeitcurricularen Bereich**

	Hochschulen	sonst. Curricula
	%	%
ja	24.5	36.0
nein	37.7	32.6
keine Angabe	37.7	31.5

die Curricula, die erweitern wollen, planen:*

inhaltl. Erw.	69.2	62.5
personelle Erw.	23.1	31.2
Stud.-Kapazität	15.4	**
bauliche Erw.	**	21.9
sonstige Erw.	38.5	12.4

* Mehrfachnennungen
** nicht erhoben

Geht man davon aus, daß ein Teil der unter "keine Angaben" vermerkten Curricula so einzustufen ist, daß keine Erweiterungsplanungen vorgesehen sind, dann muß die Erweiterungsbereitschaft als eher zurückhaltend bezeichnet werden. Dies gilt besonders für die Hochschulen, wobei die Zurückhaltung vermutlich nicht in erster Linie auf mangelnde Bereitschaft der Befragten, sondern auf deren vorsichtige Einschätzung der Bedingungen zurückzuführen ist. Wenn beispielsweise mehr Mitarbeiter bzw. Dozenten eingestellt werden sollen, dann kostet das Geld und verursacht Folgekosten, vor denen die Verantwortlichen zurückschrecken. Eine inhaltliche Erweiterung des Angebotes läßt sich u.U. ohne großen zusätzlichen Personal- und Kostenaufwand verwirklichen. Es überrascht darum nicht, daß die Einrichtungen, sofern sie expandieren wollen, vor allem an inhaltliche Ausweitungen denken.

1.5 Zusammenfassendes Fazit

In dieser Erhebung ist eine erheblich größere Anzahl von Freizeit-Curricula bekannt geworden als in einer ähnlich angelegten Untersuchung von 1985/86. Bundesweit wurden 142 Curricula in 138 Institutionen bekannt, die im folgenden Kapitel mit Kurzportraits vorgestellt werden. Von den Curricula entfallen 53 auf Hochschulen (einschl. Universitäten, Fachhochschulen, Pädagogische Hochschulen usw.) und 89 auf sonstige Einrichtungen im tertiären Bildungsbereich (z.B. Fachschulen, Institute, Verbände).

Die Freizeit-Curricula lassen sich unter inhaltlichem Gesichtspunkt in fünf Gruppen einteilen, die u.a. relativ einheitliche Berufsfelder im Blick haben – in Klammern ist angegeben, wieviele Hochschul-Curricula (H) und sonstige Curricula (S) den Gruppen zugeordnet wurden:
- "Freizeit allgemein" (H: 24.5% – S: 15.7%),
- "Tourismus/Reisen" (H: 22.6% – S: 28.1%),
- "Sport/Gesundheit mit Freizeitorientierung" (H: 11.3% – S: 10.1%)
- "Kunst/Kultur mit Freizeitorientierung" (H: 20.8% – S: 32.6%),
- "Sozialwesen mit Freizeitorientierung" (H: 20.8% – S: 13.5%).

In die statistische Auswertung konnten die Fragebögen von 36 Hochschul- und 70 sonstigen Curricula einbezogen werden. Danach dominiert auf der Hochschulebene der Studienschwerpunkt als Curriculum-Typ (54.7%). In den sonstigen Einrichtungen finden sich in erster Linie berufliche Weiterbildungsangebote (51.7%), darüber hinaus aber auch Ausbildungen und Zusatzausbildungen für hauptberufliche Tätigkeiten (28.1%).

Eine Frage, die im Rahmen der Gesamtauswertung noch offen bleibt, ist die nach dem Berufseinstieg und den Berufsperspektiven der Absolventen von Freizeit-Curricula. Die Hochrechnung zeigt, daß jährlich ca. 1000 Absolventen allein aus dem Hochschul- und Fachhochschulbereich ein ihrer Ausbildung entsprechendes Arbeits- und Berufsfeld suchen. Kaum eine Hochschule weiß, wo und wie ihre Absolventen eine Anstellung bzw. eine Arbeit finden. Es kann nicht das Ziel von Absolventenerhebungen sein, auf eine einseitig nachfragegerechte Ausbildung zu drängen, zumal (wissenschaftliche) Hochschulen einen Forschungs- und Bildungs-, und nicht in erster Linie einen Ausbildungsauftrag haben. Eine stärkere Auseinandersetzung mit den Praxisfeldern, in denen Studenten später arbeiten sollen oder müssen, scheint aber erforderlich zu sein. Ob die bestehenden Praktika, Praxisprojekte und Lehraufträge dazu ausreichen, scheint fraglich.

Vor diesem Hintergrund sind Überlegungen, ein "integratives Curriculum" zu erarbeiten, wie sie derzeit in der Beratergruppe 5 der ELRA (European Leisure and Recreation Association) angestellt werden, zu begrüßen. Es bestehen zwar Aus- und Weiterbildungen, die sich in umfassender Weise mit

Freizeit befassen, doch auch sie blenden bestimmte Fach-Bereiche wie Administration, Betriebs- oder Volkswirtschaft weitgehend aus (vgl. Tab. 14). So wie sie sich auf vermittelnde (z.B. pädagogische) und diagnostische (z.B. psychologische) Qualifikationen konzentrieren, so spezialisieren sich andere Curriculum-Gruppen (wie die touristischen) auf wirtschaftliche oder geographische Fachrichtungen. Ein integratives Curriculum müßte neben der inhaltlichen Vielfalt auch unterschiedliche fachliche Zugänge berücksichtigen.

Dies sollte nicht dazu verleiten, auf die Vermittlung praktischer Kompetenzen, die in Freizeitberufen hilfreich sind (z.B. im sportlichen, im musisch/künstlerischen oder im administrativen Bereich), zu verzichten. Eine aufgeschlossene interdisziplinäre Zusammenarbeit ist dabei gefordet, und eine Verbindung von praktischer und theoretischer Ausbildung. Ob es gelingt, die Vertreter unterschiedlicher Freizeit-Curricula an der Entwicklung eines solchen integrativen Curriculums zu beteiligen und somit neue Formen der Kooperation aufzubauen, bleibt abzuwarten; wünschenswert wäre es auf jeden Fall.

2 Einzelportraits der beteiligten Freizeit-Curricula

In diesem Kapitel stellen wir alle Hochschulen und sonstigen Einrichtungen mit Aus- und Weiterbildungs-Curricula für Freizeitberufe einzeln vor. Wir greifen dabei die inhaltliche Gruppenbildung auf, die in Abschnitt 1.3.6 für die Freizeit-Curricula vorgenommen wurde und die das erste Kapitel des Buches durchzieht. Das bedeutet, die fünf Gruppen "Freizeit allgemein", "Tourismus/Reisen", "Sport/Gesundheit", "Kunst/Kultur" und "Sozialwesen mit Freizeitorientierung" finden sich in der Gliederung dieses Kapitels wieder. Innerhalb der Gruppen sind die Curricula nach Orten alphabetisch geordnet worden.

2.1 Hochschul-Curricula

2.1.1 Inhaltliche Gruppe "Freizeit allgemein"

Institution:
Rheinisch-Westfälische Technische Hochschule Aachen

Kontaktadresse:
Fachbereich Pädagogik, Ahornstr. 55, 5100 Aachen, Tel.: 0241/803570-1
Kontaktperson: Prof. Dr. Franz Pöggeler

Studienmöglichkeit:
Freizeitpädagogik als Wahlfach innerhalb der Studienrichtung Jugend- und Erwachsenenbildung im Studiengang Erziehungswissenschaften

Personelle Lehrkapazität:
Keine näheren Angaben

Lernziele/Ausbildungsinhalte:
Freizeitpädagogik und Jugendkulturarbeit, außerschulische Jugend- und Erwachsenenbildung

Praxisbezüge:
Keine näheren Angaben

Semesterzahl und Semesterwochenstunden (SWS):
8 Semester

Mögliche Abschlüsse:
Diplom in Erziehungswissenschaften, Schwerpunkt: Außerschulische Jugend- und Erwachsenenbildung

Angestrebte Arbeitsfelder für Absolventen:
Keine näheren Angaben

Studienvoraussetzungen:
Keine näheren Angaben

Bewerbung:
Keine Angaben

Quelle:
Freizeit-Curriculum-Katalog für deutschsprachige Länder Europas, Bielefeld 1986

● ● ● ● ●

Institution:
Universität Augsburg

Kontaktadresse:
Universitätsstr. 10, 8900 Augsburg
Kontaktperson: Dr. H. Dohmke

Studienmöglichkeit:
Freizeitpädagogik als Wahlpflichtfach im Hauptstudium des Diplom-Studiengangs Pädagogik

Personelle Lehrkapazität:
4 Dozenten/-innen, davon 1 Professor/-in, 2 Wissenschaftliche Angestellte, 1 Lehrbeauftragte(r)

Lernziele/Ausbildungsinhalte:
Vermittlung von Theorie und Praxis der Bereiche Erwachsenenbildung, außerschulische Jugendbildung, Altenbildung

Praxisbezüge:
1 Pflichtpraktikum von mindestens 4 Wochen in einer freizeitpädagogischen Einrichtung

Semesterzahl und Semesterwochenstunden (SWS):
18 SWS sind für den freizeitpädagogischen Anteil im Hauptstudium zu belegen

Mögliche Abschlüsse:
Diplom-Pädagoge/-in

Angestrebte Arbeitsfelder für Absolventen:
Arbeitsfelder in Institutionen, deren Schwerpunkte in der Erwachsenenbildung, der außerschulischen Jugendbildung oder der Altenbildung liegen

Studienvoraussetzungen:
Allgemeine Hochschulreife

Bewerbung:
Direkt bei der Hochschule

Quelle:
Ein ausgefüllter Fragebogen

● ● ● ● ●

Institution:
Universität Bielefeld

Kontaktadresse:
Fakultät für Pädagogik, AG 10: Freizeitpädagogik und Kulturarbeit, Universitätsstr. 25, 4800 Bielefeld 1, Tel: 0521/106-1, -3300, -3301
Kontaktperson: Prof. Dr. Wolfgang Nahrstedt

Studienmöglichkeit:
Freizeitpädagogik und Kulturarbeit als Studienschwerpunkt bzw. Studienrichtung innerhalb des Studiengangs Diplom-Pädagogik

Personelle Lehrkapazität:
9 Dozenten/-innen für die Studienrichtung, davon 2 Professoren/-innen, 2 Wissenschaftliche Angestellte, 5 wechselnde Lehrbeauftragte

Lernziele/Ausbildungsinhalte:
Theorie und Praxis der Bereiche Freizeitpädagogik, Kulturarbeit und Tourismus

Praxisbezüge:
2 Pflichtpraktika als Block oder Projekt: zwei Monate im Grundstudium und 1 Semester (vier Monate) im Hauptstudium

Semesterzahl und Semesterwochenstunden (SWS):
9 Semester mit insgesamt 160 SWS, davon mindestens 40 SWS für die Studienrichtung (je mindestens 20 SWS im Grund- und im Hauptstudium)

Mögliche Abschlüsse:
Diplom-Pädagoge/-in; Promotion; Habilitation

Angestrebte Arbeitsfelder für Absolventen:
Tourismusbereich; Kur; Naherholung; soziokultureller Bereich; Beratung und Animation; Wissenschaft und Bildung

Studienvoraussetzungen:
Allgemeine Hochschulreife oder Einstufungsprüfung für Bewerber mit einer abgeschlossenen Berufsausbildung und Berufspraxis

Bewerbung:
Direkt bei der Hochschule

Besonderheiten/Anmerkungen:
Es gibt Planungen zur Erweiterung der Lehre und Forschung in Richtung "Reisepädagogik/Pädagogik des Tourismus"

Zusammenarbeit mit:
Universität Göttingen; DGfE - Kommission Freizeitpädagogik; ELRA - European Leisure and Recreation Association; WLRA - World Leisure and Recreation Association; Studienkreis für Tourismus e.V.; IFKA - Institut für Freizeitwissenschaft und Kulturarbeit e.V. u.a.m.

Quelle:
Ein ausgefüllter Fragebogen

●●●●●

Institution:
Hochschule Bremen

Kontaktadresse:
Fachbereich Sozialwesen, Universitätsallee, 2800 Bremen 33, Tel.: 0421/ 2182483
Kontaktperson: Prof. Dr. Jürgen Klimpel

Studienmöglichkeit:
Projekt "Freizeitpädagogik und Freizeitberatung" im Hauptstudium des Studiengangs Sozialpädagogik/Sozialarbeit

Personelle Lehrkapazität:
7 Professoren/-innen

Lernziele/Ausbildungsinhalte:
Vermittlung von Grundwissen und Handlungsmustern im Handlungsfeld Freizeit und Tourismus; Veranstaltungsbeispiele: "Soziologie und Psychologie der Freizeit und des Tourismus", "Animation und Freizeitberatung in Kur- und Urlaubsorten als Handlungsfeld von Sozialpädagogen"

Praxisbezüge:
1 Blockpraktikum von 8 Wochen in Feriencentren/Ferienorten oder in Freizeit- und Bürgerhäusern o.ä.; regelmäßige Gastvorträge auswärtiger Praktiker/-innen

Semesterzahl und Semesterwochenstunden:
6 Semester, im Hauptstudium 40 SWS für den Schwerpunkt (von insgesamt 80 SWS)

Mögliche Abschlüsse:
Diplom-Sozialpädagoge/-in bzw. Diplom-Sozialarbeiter/-in

Angestrebte Arbeitsfelder für Absolventen:
Vor allem Arbeitsfelder in den Bereichen Tourismus, Sozialpädagogik, Soziokultur, Beratung und Animation

Studienvoraussetzungen:
Es gibt unterschiedliche Möglichkeiten: Allgemeine Hochschulreife, Fachhochschulreife, Sonderreifeprüfung, abgeschlossene Berufsausbildung (sowie Versetzung nach Klasse 12 oder 13), einjährige Berufspraxis (sowie Versetzung nach Klasse 12 oder 13), abgeschlossenes Studium

Bewerbung:
Direkt bei der Hochschule

Besonderheiten/Anmerkungen:
Das Projekt soll in einen eigenständigen Studienschwerpunkt umgewandelt werden, bzw. es wird auch eine Ausweitung in Richtung eines eigenen Studiengangs erörtert

Zusammenarbeit mit:
Fachhochschule Fulda (FB Sozialpädagogik); Hochschule Kalmar, Schweden; Arbeitskreis Freizeit und Erholung im Gemeindedienst der Nordelbischen Evangelisch-lutherischen Kirche; Studienkreis für Tourismus

Quelle:
Ein ausgefüllter Fragebogen und "Arbeitsmaterialien Nr. 2" des Projekts

• • • • •

Institution:
Fachhochschule Düsseldorf

Kontaktadresse:
Fachbereich Sozialpädagogik, Universitätsstr. 1, 4000 Düsseldorf, Tel.: 0211/311-4632
Kontaktpersonen: Prof. Dr. Johannes Schilling, Prof. Werner Platzek

Studienmöglichkeit:
Studienschwerpunkt Freizeitpädagogik im Studiengang Sozialpädagogik (Vertiefungsstudium)

Personelle Lehrkapazität:
5 Dozenten/-innen, davon 3 Professoren/-innen und 2 Lehrbeauftragte

Lernziele/Ausbildungsinhalte:
Kompetenzerwerb in den Bereichen Geselligkeit (Gespräch, Spiel, Tanz, Musik), Theater, Spiel und Sport, Gesundheit; Veranstaltungsbeispiele: "Bedeutung der Geselligkeit für den Menschen", "Ferienfreizeiten mit Kindern und Jugendlichen – Planung und Organisation"; Sportpädagogik, Spielpädagogik

Praxisbezüge:
1 theoriebegleitendes Praktikum von 1 Semester und 1 Jahrespraktikum; Praxisprojekte

Semesterzahl und Semesterwochenstunden (SWS):
Im Zeitraum vom 2.-5. Semester 8 Seminare (16 SWS) für das Vertiefungsstudium

Mögliche Abschlüsse:
Diplom-Sozialpädagoge/-in mit dem Zusatzvermerk: Freizeitpädagogik

Angestrebte Arbeitsfelder für Absolventen:
Arbeitsfelder im Gesundheitsbereich, im sozialpädagogischen Bereich und im Breitensport

Studienvoraussetzungen:
Allgemeine Hochschulreife oder Fachhochschulreife oder abgeschlossenes Studium

Bewerbung:
Direkt bei der Hochschule (Prof. Dr. Schilling, Prof. W. Platzek)

Zusammenarbeit mit:
Landessportbund NRW

Quelle:
Ein ausgefüllter Fragebogen und ein Auszug aus dem Vorlesungsverzeichnis

• • • • •

Institution:
Fachhochschule Fulda

Kontaktadresse
Fachbereich Sozialpädagogik, Marquardstr. 35, Postfach 1269, 6400 Fulda, Tel.: 0661/601081
Kontaktpersonen: Prof. Dr. Axt, Prof. Dr. Karst

Studienmöglichkeit:
Studienschwerpunkt Freizeitwissenschaft/Tourismus innerhalb des Studiengangs Sozialpädagogik (in Kooperation mit dem Fachbereich BWL)

Personelle Lehrkapazität:
12 Dozenten/-innen, davon 4 Professoren/-innen und 8 Lehrbeauftragte

Lernziele/Ausbildungsinhalte:
Die wichtigsten inhaltlichen Schwerpunkte liegen in den Bereichen Tourismus, Soziokultur, wohnungsnahe Freizeit, Kur und Gesundheit; es wird angestrebt, Freizeitpädagogik, Freizeit-Ökonomie und Tourismus-Betriebswirtschaft miteinander zu verknüpfen

Praxisbezüge:
2 Praktika von jeweils 6 Wochen in Freizeit- oder Tourismuseinrichtungen sowie mindestens 4 Theorie-Praxis-Seminare mit je 4 SWS; Jahrespraktikum nach dem Studium als Voraussetzung für die staatliche Anerkennung

Semesterzahl und Semesterwochenstunden:
7 Semester insgesamt, dabei 5 Seminare im Hauptstudium für den Schwerpunkt Freizeit/Tourismus (10-12 SWS)

Mögliche Abschlüsse:
Diplom-Sozialpädagoge/-in – Schwerpunkt Freizeitwissenschaft/Tourismus

Angestrebte Arbeitsfelder für Absolventen:
Die Bereiche Tourismus, Kur und Gesundheit, Beratung und Animation, sowohl bei öffentlichen als auch bei kommerziellen Arbeitgebern

Studienvoraussetzungen:
Fachhochschulreife

Bewerbung:
Direkt bei der Hochschule

Besonderheiten/Anmerkungen:
Die Einrichtung eines eigenen Studiengangs Freizeitwissenschaft/Tourismus ist geplant, ebenso eine inhaltliche Erweiterung des Curriculums in Richtung Freizeit-Ökonomie/Tourismus-Betriebswirtschaft

Zusammenarbeit mit:
Universität Hamburg (Prof. Opaschowski); Hochschule Bremen; Universität Bielefeld; Fachhochschule Hildesheim; RWTH Aachen; Universität Trier; Universität Köln

Quelle:
Ein ausgefüllter Fragebogen und ein Sonderdruck der Zeitschrift "Animation" Juli/August 1986, in der der Studiengang vorgestellt wird

● ● ● ● ●

Institution:
Georg-August-Universität Göttingen

Kontaktadresse:
Fachbereich Erziehungswissenschaften, Waldweg 26, 3400 Göttingen, Tel.: 0551/39-0, -9243
Kontaktperson: Prof. Dr. Klaus Peter Wallraven

Studienmöglichkeit:
Freizeitpädagogik als eigener Studiengang im Fachbereich Erziehungswissenschaften

Personelle Lehrkapazität:
37 Dozenten/-innen, davon 13 Professoren/-innen und 24 Wissenschaftliche Angestellte

Lernziele/Ausbildungsinhalte:
Verknüpfung einer Spezialkompetenz mit allgemeinen, allerdings freizeitpädagogisch akzentuierten Fähigkeiten und Fertigkeiten; die Vermittlung administrativer Grundkenntnisse gilt ebenfalls als wichtiges Lern- und Ausbildungsziel

Praxisbezüge:
2 Pflicht-Praktika von jeweils mindestens 6 Wochen: 1 Praktikum im Grundstudium (z.B. in der Sozialpädagogik) und 1 Praktikum im Hauptstudium (z.B. im Freizeitbereich); obligatorische Exkursionen (bis zu 14 Tagen)

Semesterzahl und Semesterwochenstunden (SWS)
In 9 Semestern werden 64 SWS von insgesamt 144 SWS dem Studiengang Freizeitpädagogik gewidmet

Mögliche Abschlüsse:
Diplom-Pädagoge/-in

Angestrebte Arbeitsfelder für Absolventen:
Die Bereiche Tourismus, Naherholung, Beratung und Animation, Bildung und Umwelt

Studienvoraussetzungen:
Allgemeine Hochschulreife

Bewerbung:
Über die ZVS

Quelle:
Ein ausgefüllter Fragebogen

● ● ● ● ●

Institution:
Universität Hamburg

Kontaktadresse:
Fachbereich Erziehungswissenschaft, Sedanstr. 19, 2000 Hamburg 13, Tel.: 040/4123-3760, -3761
Kontaktperson: Prof. Dr. Horst W. Opaschowski

Studienmöglichkeit:
1. "Interdisziplinäre Freizeit- und Tourismusstudien" als 'studium generale' für Hörer/-innen aller Fachbereiche (Soziologie, Psychologie, Pädagogik, Betriebswirtschaft u.a.)
2. Nebenfach "Freizeitpädagogik und Freizeitwissenschaft" für Sportwissenschaftler/-innen
3. Nebenfach "Erziehungswissenschaft/Freizeitforschung" für Diplom-Soziologen/-innen
4. Wahlfach "Freizeitpädagogik" für Diplom-Pädagogen/-innen

5. Postgraduales Studium "European Master for Leisure and Tourism" im Rahmen des EG-Erasmus-Programms "homo ludens" (in Kooperation mit den Universitäten Aix-en-Provence, Barcelona, Gent, Paris, Rom, Sheffield u.a.)

Personelle Lehrkapazität:
1 Professor und 2-3 Lehrbeauftragte

Lernziele/Ausbildungsinhalte:
Inhaltliche Schwerpunkte sind im Bereich von Freizeitwissenschaft, Tourismusforschung und soziokultureller Animation vorhanden; besonderer Wert wird aber auf eine interdisziplinäre Auseinandersetzung mit Freizeitforschung, Freizeitentwicklung und Animation gelegt

Praxisbezüge:
Praktika und Studienprojekte im Rahmen des jeweiligen Studiengangs

Semesterzahl und Semesterwochenstunden (SWS):
Unterschiedlich: den "Freizeit- und Tourismusstudien" (1.) werden ca. 4 SWS, dem Nebenfach (2.) ca. 10 SWS und dem Wahlfach (3.) ebenfalls 10 SWS gewidmet

Mögliche Abschlüsse:
Diplom in Erziehungswissenschaft, Soziologie, Sportwissenschaft u.a. mit Schwerpunkt Freizeitpädagogik/Freizeitentwicklung/Tourismusforschung

Angestrebte Arbeitsfelder für Absolventen:
Fremdenverkehr und Tourismus; Medien; Kultur; Sport; Beratung/Animation

Studienvoraussetzungen:
Allgemeine Hochschulreife

Bewerbung:
Direkt bei der Hochschule

Quelle:
Ein ausgefüllter Fragebogen

• • • • •

Institution:
Fachhochschule Hildesheim/Holzminden

Kontaktadresse:
Fachbereich Sozialpädagogik, Brühl 20, 3200 Hildesheim, Tel.: 05121/ 881-401, -426
Kontaktperson: Prof. Dr. Friedhelm Vahsen

Studienmöglichkeit:
Studienschwerpunkt "Erziehung, Bildung, Kultur und Freizeit" im Grund- und Hauptstudium des Studiengangs Sozialwesen

Personelle Lehrkapazität:
5 Professoren/-innen und 2 Lehrbeauftragte, die für diesen Studienschwerpunkt zuständig sind

Lernziele/Ausbildungsinhalte:
Vertiefung der sozialpädagogischen Kenntnisse in freizeitrelevanten Bereichen und Erweiterung der klassischen Arbeitsfelder in den Bereichen Gemeinwesenarbeit, Gesundheit/Kur, Urlaub und Reisen

Praxisbezüge:
2 Praktika von je 4 Wochen im Grund- und Hauptstudium und 1 Jahrespraktikum als berufspraktisches Jahr (Anerkennungsjahr)

Semesterzahl und Semesterwochenstunden (SWS):
8 Semester mit 6-8 SWS pro Semester für den Studienschwerpunkt

Mögliche Abschlüsse:
Diplom-Sozialpädagoge/-in (FH); Diplom-Sozialarbeiter/-in (FH)

Angestrebte Arbeitsfelder für Absolventen:
Arbeitsfelder im sozialpädagogischen und soziokulturellen Bereich

Studienvoraussetzungen:
Fachhochschulreife

Bewerbung:
Direkt bei der Fachhochschule

Quelle:
Ein ausgefüllter Fragebogen, Informationen zum Studiengang Sozialwesen (Faltblatt) und die Diplomprüfungsordnung

• • • • •

Institution:
Pädagogische Hochschule Kiel

Kontaktadresse:
Olshausenstr. 75, 2300 Kiel 1, Tel.: 0431/880-1, -1202
Kontaktperson: Prof. Dr. Hans Rüdiger

Studienmöglichkeit:
Studienschwerpunkt Freizeitpädagogik und Erwachsenenbildung im Studiengang Erziehungswissenschaften

Personelle Lehrkapazität:
21 Dozenten/-innen, davon 9 Professoren/-innen, 4 Wissenschaftliche Angestellte und 8 Lehrbeauftragte im pädagogischen Institut

Lernziele/Ausbildungsinhalte:
Studienziele bestehen in der Vermittlung von 1) freizeitbezogenen Theorien und Grundlagen, 2) Analyse und Diagnostik, 3) Beratung und Handlungskompetenz, 4) Planung und Evaluation sowie 5) Didaktik und freizeitbezogenem Unterricht

Praxisbezüge:
2 Pflicht-Praktika von jeweils 2 Wochen Dauer ist die Minimalanforderung der Prüfungsordnung, die in der Regel überschritten wird

Semesterzahl und Semesterwochenstunden (SWS):
8 Semester (mit Praktikum evtl. länger) mit mindestens 140 SWS (Empfehlung 160 SWS), davon 50-60 SWS für den Studienschwerpunkt

Mögliche Abschlüsse:
Diplom in Erziehungswissenschaften; Magister; Promotion

Angestrebte Arbeitsfelder für Absolventen:
Bereiche wie Tourismus, Naherholung, Kur sowie soziale und soziokulturelle Bereiche und der Bildungsbereich

Studienvoraussetzungen:
Allgemeine Hochschulreife, ggf. Sonderreifeprüfung

Bewerbung:
Direkt bei der Hochschule

Besonderheiten/Anmerkungen:
Das Studium kann auch als Vollzeit-Aufbaustudium, ggf. unter Anrechnung von 2–4 Semestern anderer Studiengänge, genutzt werden

Zusammenarbeit mit:
Christian-Albrechts-Universität Kiel

Quelle:
Ein ausgefüllter Fragebogen

● ● ● ● ●

Institution:
Fachhochschule Kiel

Kontaktadresse:
Fachbereich Sozialwesen, Diesterwegstr. 20, 2300 Kiel, Tel.: 0431/682787
Kontaktperson: Dr. R. Peter Jochimsen

Studienmöglichkeit:
Aufbaustudium Spielpädagogik im Studienbereich Sozialwesen

Personelle Lehrkapazität:
10 Dozenten/-innen, davon 2 Professoren/-innen, 1 Wissenschaftliche(r) Angestellte(r) und 7 Lehrbeauftragte

Lernziele/Ausbildungsinhalte:
Ausbildung zum/zur Spielpädagogen/-in im gesellschaftlichen Handlungsfeld Freizeit, Vermittlung theater-, kultur- und freizeitpädagogischer Kompetenzen

Praxisbezüge:
Praxisprojekte mit Praktikumsanteilen

Semesterzahl und Semesterwochenstunden (SWS):
4 Semester mit insgesamt 70 SWS, die in Form berufsbegleitender Blockveranstaltungen plus 1 Tag in der Woche geleistet werden

Mögliche Abschlüsse:
Spielpädagoge/-in

Angestrebte Arbeitsfelder für Absolventen:
Vor allem sozialpädagogische und soziokulturelle Bereiche

Studienvoraussetzungen:
Allgemeine Hochschulreife oder Fachhochschulreife, Berufspraxis von 1 Jahr oder ein abgeschlossenes Studium

Bewerbung:
Direkt bei der Fachhochschule, Fachbereich Sozialwesen

Besonderheiten/Anmerkungen:
Der Aufbaustudiengang ist zum WS 88/89 gestartet; pro Jahr stehen 15 Studienplätze zur Verfügung

Quelle:
Ein ausgefüllter Fragebogen

● ● ● ● ●

Institution:
Universität Lüneburg

Kontaktadresse:
Wilschenbrucher Weg 84, 2120 Lüneburg, Tel.: 04131/714-0
Kontaktperson: Der Dekan des Fachbereichs III, Tel.: 0431/714-300

Studienmöglichkeit:
Im Magister-Studiengang "Angewandte Kulturwissenschaften" des Fachbereichs "Kulturwissenschaften" gibt es das Studiengebiet "Spiel und Bewegungserziehung" und das Nebenfach "Fremdenverkehrsbetriebslehre"

Personelle Lehrkapazität:
Bezogen auf die angegebenen Bereiche: 13 Lehrende, davon 4 Professoren, 7 Wissenschaftliche Mitarbeiter, 2 Lehrbeauftragte

Lernziele/Ausbildungsinhalte:
Liegen im wesentlichen im Bereich Sport, Tourismus und Kultur mit einer betriebswirtschaftlichen Ausrichtung

Praxisbezüge:
1 Blockpraktikum von 4–6 Wochen im selbstgewählten Praxisbereich

Semesterzahl und Semesterwochenstunden (SWS):
Innerhalb von 8 Semestern mit insgesamt 160 SWS entfallen mindestens 40 SWS auf das Studiengebiet und mindestens 20 SWS auf das Nebenfach

Mögliche Abschlüsse:
Magister Artium (M.A.) Angewandte Kulturwissenschaften

Angestrebte Arbeitsfelder für Absolventen:
Insbesondere die Bereiche Tourismus, Naherholung, Breitensport und Soziokultur

Studienvoraussetzungen:
Allgemeine Hochschulreife

Bewerbung:
Direkt bei der Hochschule

Quelle:
Ein ausgefüllter Fragebogen

• • • • •

Institution:
Philipps-Universität Marburg

Kontaktadresse:
Fachbereich 03 Gesellschaftswissenschaften und Philosophie, Institut für Soziologie, Am Grün 1, 3550 Marburg, Tel.: 06421/28-4584, -4589
Kontaktperson: Prof. Dr. Hartmut Lüdtke

Studienmöglichkeit:
Studienelement Freizeit-, Kultursoziologie im Fachbereich Gesellschaftswissenschaften und Philosophie

Personelle Lehrkapazität:
1 Professor, 2 Lehrbeauftragte

Lernziele/Ausbildungsinhalte:
Vertiefung des wissenschaftlichen Fachstudiums in frei gewählten speziellen Soziologien

Praxisbezüge:
Unspezifische

Semesterzahl und Semesterwochenstunden (SWS):
2-4 SWS pro Semester

Mögliche Abschlüsse:
Diplom-Soziologe/-in, Magister

Angestrebte Arbeitsfelder für Absolventen:
Unspezifische

Studienvorausstzungen:
Allgemeine Hochschulreife

Bewerbung:
Direkt bei der Hochschule

Besonderheiten/Anmerkungen:
Das sporadisch-spezielle Lehrangebot ist eingebunden in das Lehrangebot Soziologie für Hauptfachstudenten sowie für Nebenfachstudenten der Geographie, Erziehungswissenschaften, Politikwissenschaften, Europäische Ethnologie, Philosophie, Psychologie, Wirtschaftswissenschaft

Quelle:
Kurzinformationen von Prof. Dr. H. Lüdtke (August 1989)

2.1.2 Inhaltliche Gruppe "Tourismus/Reisen"

Institution:
Universität Bayreuth, Lehrstuhl für Wirtschaftsgeographie und Regionalplanung

Kontaktadresse:
Universitätsstr. 30, 8580 Bayreuth, Tel.: 0921-552262
Kontaktperson: Prof. Dr. Jörg Maier

Studienmöglichkeit:
Studienschwerpunkt Freizeit- und Fremdenverkehrsforschung im Rahmen des Studiengangs Diplom in Geographie/Raumplanung

Personelle Lehrkapazität:
1 Professor und 4 Wissenschaftliche Mitarbeiter/-innen (2 Mitarbeiter/-innen an der Universität und 2 Mitarbeiter/-innen in der RRV-Forschungsstelle)

Lernziele/Ausbildungsinhalte:
Problematisierung und Diskussion von Fragen der regionalen, kommunalen und betrieblichen Fremdenverkehrspraxis sowie der Fremdenverkehrsplanung und -entwicklung

Praxisbezüge:
2 Pflichtpraktika von 3 Monaten in Institutionen der Fremdenverkehrspraxis; ergänzend Projektseminare und freiwillige Praktika

Semesterzahl und Semesterwochenstunden (SWS):
12 Semester; ab dem 5. Semester Schwerpunktsetzung im Bereich Freizeit/Fremdenverkehr möglich; 50 SWS (von 250 insgesamt) im gesamten Studium, davon 20 SWS im Grundstudium und 30 SWS im Hauptstudium

Mögliche Abschlüsse:
Diplom-Geograph/-in (Raumplanung)

Angestrebte Arbeitsfelder für Absolventen:
Arbeitsfelder in den Bereichen Tourismus (Freizeit- und Fremdenverkehrs-

planung), Umwelt und Landschaftsschutz (Agrarstrukturplanung, Dorfsanierung, Flurbereinigung), Naherholung, Stadtentwicklung, Flächennutzungsplanung, Stadtsanierung, Kur und Gesundheit, Regionalplanung, Projektplanung und -durchführung

Studienvoraussetzungen:
Allgemeine Hochschulreife

Bewerbung:
Direkt beim Lehrstuhl für Wirtschaftsgeographie und Regionalplanung

Besonderheiten/Anmerkungen:
Die Zahl der Studienplätze ist nicht begrenzt

Zusammenarbeit mit:
Arbeitskreis für Tourismus, Innsbruck (Dr. Haimayer); Arbeitskreis für Tourismus, FU Berlin; IGU, Bereich Tourismus; Studienkreis für Tourismus, Starnberg

Quelle:
Ein ausgefüllter Fragebogen plus Kurzinformationen

● ● ● ● ●

Institution:
Freie Universität Berlin, Institut für Tourismus

Kontaktadresse:
Weddigenweg 32, 1000 Berlin 45, Tel.: 030/811-4014
Kontaktperson: Dr. Kristiane Klemm

Studienmöglichkeit:
Ergänzungsstudium Tourismus mit den Schwerpunkten Management und regionale Planung, angebunden an die Fachbereiche Geowissenschaften, Wirtschaftswissenschaften und Geschichtswissenschaften

Personelle Lehrkapazität:
8 Dozenten/-innen, davon 3 Professoren/-innen, 2 Akademische Räte, 2 oder 3 Lehrbeauftragte pro Semester, zahlreiche Gastdozenten/-innen

Lernziele/Ausbildungsinhalte:
Vermittlung von tourismusrelevantem Grundlagenwissen im Bereich BWL (Marketing), Geographie (Regionalplanung) und Geschichte (wissenschaftliche Reiseleitung); Vorbereitung auf die Berufspraxis

Praxisbezüge:
1 Pflichtpraktikum von 4-6 Wochen in Tourismuseinrichtungen; Praxisprojekte

Semesterzahl und Semesterwochenstunden (SWS):
2 Semester mit 24 SWS (Vollzeit-Ergänzungsstudium)

Mögliche Abschlüsse:
Abschlußzeugnis und Zertifikat

Angestrebte Arbeitsfelder für Absolventen:
Arbeitsfelder im Bereich Tourismus wie z.B. bei Fremdenverkehrsverbänden, Reiseveranstaltern, in Ferienzentren, in Fremdenverkehrsämtern

Studienvoraussetzungen:
Abgeschlossenes Studium

Bewerbung:
Direkt beim Institut für Tourismus

Besonderheiten/Anmerkungen:
Studienplatzbegrenzung auf 30 Studenten/-innen pro Jahr

Zusammenarbeit mit:
Studienkreis für Tourismus; Fachhochschule Worms; Fachhochschule Breda; Universität St. Gallen

Quelle:
Ein ausgefüllter Fragebogen und die Broschüre "Organisation, Lehre und Forschung" des Instituts für Tourismus

• • • • •

Institution:
Katholische Universität Eichstätt

Kontaktadresse:
Ostenstr. 26-28, 8078 Eichstätt, Tel.: 08421/20-1, -302, -304
Kontaktperson: Prof. Dr. Erwin Grötzbach

Studienmöglichkeit:
Studienschwerpunkt Freizeit und Tourismus im Diplom-Studiengang Geographie (Hauptstudium)

Personelle Lehrkapazität:
6 Dozenten/-innen, davon 2 Professoren/-innen, 3 Wissenschaftliche Angestellte und 1 Lehrbeauftragter

Lernziele/Ausbildungsinhalte:
Kompetenzerwerb für das Praxisfeld Tourismus; Hauptseminar und Exkursion sind Pflichtveranstaltungen im Hauptfach

Praxisbezüge:
2 Geländepraktika (1 in Kulturgeographie, 1 in Physischer Geographie), 2 große Excursionen, 1 Projektseminar Kurzexkursionen (mindestens 4 sind nachzuweisen)

Semesterzahl und Semesterwochenstunden (SWS):
80 SWS im gesamten Hauptstudium (einschließlich 2 Wahlpflichtfächern)

Mögliche Abschlüsse:
Diplom-Geograph/-in

Angestrebte Arbeitsfelder für Absolventen:
Bereich Tourismus (Freizeit und Fremdenverkehr)

Studienvoraussetzungen:
Allgemeine Hochschulreife

Bewerbung:
Direkt bei der Hochschule, Fachgebiet Geographie

Quelle:
Ein ausgefüllter Fragebogen und ein Auszug aus dem Vorlesungsverzeichnis und der Prüfungsordnung für den Diplomstudiengang Geographie

● ● ● ● ●

Institution:
Fachhochschule Heilbronn

Kontaktadresse:
Max-Planck-Str. 39, 7100 Heilbronn, Tel.: 07131/504-0, -221, -240
Kontaktperson: Prof. Dr. Helmut Klopp

Studienmöglichkeit:
Studium der Touristikbetriebswirtschaft (in einem eigenen Fachbereich der Fachhochschule)

Personelle Lehrkapazität:
10 Professoren/-innen und 12 Lehrbeauftragte im Fachbereich

Lernziele/Ausbildungsinhalte:
Vermittlung fundierter betriebswirtschaftlicher und touristikspezifischer Kenntnisse sowie Einführung in die betriebliche Praxis

Praxisbezüge:
Das 1. und das 6. Semester sind obligatorische Praxissemester, die in Betrieben der Fremdenverkehrs-Wirtschaft abgeleistet werden.

Semesterzahl und Semesterwochenstunden (SWS):
8 Semester (6 Semester + 2 Praxissemester) mit 160 SWS (54 SWS im Grundstudium und 106 SWS im Hauptstudium)

Mögliche Abschlüsse:
Diplom-Betriebswirt/-in (Tourismus)

Angestrebte Arbeitsfelder für Absolventen:
Die Bereiche Tourismus, Naherholung, Kur und Gesundheit

Studienvoraussetzungen:
Allgemeine Hochschulreife oder Fachhochschulreife (NC!)

Bewerbung:
Direkt bei der Hochschule

Besonderheiten/Anmerkungen:
- Wegen des starken Interesses am Studiengang Touristikbetriebswirtschaft besteht ein Numerus Clausus
- Ein weiteres Angebot ist ein Aufbaustudium in Zusammenarbeit mit der Universität Breda (Holland), der Policlinic Newcastle und der Universität Chambery (Frankreich); nähere Informationen sind direkt bei der Hochschule erfragen; (vgl. auch: UNI Berufswahl-Magazin, Januar 1990)
- Eine Fortbildung für Praktiker zum/zur Tourismusfachwirt/-in (mit Kammerprüfung) wird ebenfalls von der Fachhochschule Heilbronn angeboten; nähere Informationen ebenfalls direkt bei der Fachhochschule erfragen

Quelle:
Ein ausgefüllter Fragebogen und die Dokumentation "Freizeit-Curricula", hrsg. von W. Nahrstedt u.a., Bielefeld 1987

• • • • •

Institution:
Fachhochschule Kempten

Kontaktadresse:
Immenstädter Str. 69, 8960 Kempten (Allgäu) Tel.: 0831/2523-0, -102
Kontaktperson: Präsident Prof. Dr. Hanns Ott

Studienmöglichkeit:
Studienrichtung Fremdenverkehr und Hoteladministration im Fachbereich Allgemeinwissenschaften und Betriebswirtschaft

Personelle Lehrkapazität:
Insgesamt 17 Dozenten/-innen für die Studienrichtung, davon 4 Professoren/-innen und 13 Lehrbeauftragte

Lernziele/Ausbildungsinhalte:
In der Studienrichtung werden angehende Betriebswirte/-innen speziell für den Tourismus herangebildet; die Lehrbereiche sind auf wissenschaftlicher

Basis anwendungs- und praxisorientiert angelegt; Studentinnen und Studenten sollen zukunftsorientiert ausgebildet und befähigt werden, nach kurzer Einarbeitung in ihren zukünftigen Betrieben selbständig zu arbeiten und Zusammenhänge objektiv, logisch und schnell zu erfassen

Praxisbezüge:
2 praxisbezogene Studiensemester von je 20 Wochen; Praxisprojekte (praxisbegleitende Lehrveranstaltungen)

Semesterzahl und Semesterwochenstunden (SWS):
8 Semester; Schwerpunktbildung im Hauptstudium mit 74 SWS (von 98 SWS) für die Studienrichtung

Mögliche Abschlüsse:
Diplom-Betriebswirt/-in (FH)

Angestrebte Arbeitsfelder für Absolventen:
Reiseveranstalter, Reisevermittler und Verkehrsträger im Tourismus-, Kur- und Naherholungsbereich

Studienvoraussetzungen:
Allgemeine Hochschulreife oder Fachhochschulreife (Abiturienten wird eine zusätzliche einschlägige Lehre empholen); Numerus Clausus

Bewerbung:
Direkt bei der Fachhochschule (Auswahlverfahren)

Besonderheiten/Anmerkungen:
Die Zahl der Studienplätze ist begrenzt, sie wird zentral durch ein Auswahlverfahren festgelegt

Zusammenarbeit mit:
FH München; University of Ulster; Lancashire College; Universidad Technologica San Salvador

Quelle:
Ein ausgefüllter Fragebogen; Studienführer 1988/89; Informationsbroschüre zur Studienrichtung Fremdenverkehr und Hoteladministration; Festschrift "10 Jahre Fachhochschule Kempten"

•••••

Institution:
Universität Lüneburg

Kontaktadresse:
Fachbereich Kulturwissenschaften, Wilschenbrucher Weg 84, 2120 Lüneburg, Tel.: 04131/714-0, -390
Kontaktperson: Prof. Dr. Karlheinz Wöhler

Studienmöglichkeit:
- Wahlfach Fremdenverkehrsbetriebslehre im Studiengang für Diplom-Kaufmann/Betriebswirtschaftslehre
- Berufsfeldorientierender Bereich Fremdenverkehrsbetriebslehre im Studiengang Angewandte Kulturwissenschaften (mit den Studiengebieten BWL und Wirtschafts- und Sozialgeographie oder Ästhetische Gestaltung, vgl. Universität Lüneburg unter 2.1.1)

Personelle Lehrkapazität:
7 Dozenten/-innen, davon 2 Professoren/-innen, 2 Wissenschaftliche Angestellte und 3 Lehrbeauftragte

Lernziele/Ausbildungsinhalte:
Tourismus-Management und Tourismus-Marketing

Praxisbezüge:
1 Pflichtpraktikum bis zu 6 Monaten sowie Praxisprojekte, Fallanalysen u.ä.m.

Semesterzahl und Semesterwochenstunden (SWS):
- Innerhalb von 4 Semestern im Hauptstudium 10 SWS für das Wahlfach
- Im Studiengang Angewandte Kulturwissenschaften: in 8 Semestern mindestens 20 SWS

Mögliche Abschlüsse:
Diplom-Kaufmann/-frau; Magister Artium (M.A.)

Angestrebte Arbeitsfelder für Absolventen:
Tourismus, Naherholung und Kurbereich, Reiseveranstalter, Reisebüros, Hotellerie, Transportunternehmen, Freizeitparks, Messewesen

Studienvoraussetzungen:
Allgemeine Hochschulreife

Bewerbung:
Direkt bei der Hochschule

Quelle:
Ein ausgefüllter Fragebogen

• • • • •

Institution:
Ludwig-Maximilians-Universität München

Kontaktadresse:
Lehrstuhl Pädagogik III, Leopoldstr. 13, 8000 München 40, Tel.: 089/ 2880-1, -5135
Kontaktperson: Dr. Marie-Louise Schmeer-Sturm

Studienmöglichkeit:
Studienbegleitende Aus- und Weiterbildung zum/zur Studienreiseleiter/in (in Zusammenarbeit mit einem Studienreiseveranstalter) für Studenten aller Lehrämter, der Pädagogik, Kunstgeschichte, Geographie, Volkskunde

Personelle Lehrkapazität:
1 Akademische Rätin a.Z.

Lernziele/Ausbildungsinhalte:
Ziel ist das Erproben und Kennenlernen alternativer Berufsfelder für Pädagogen im Tourismus, insbesondere Reiseleitung, Studienreiseleitung, Gästeführung, Museumsführung; in fünf Ausbildungssequenzen finden ein Proseminar (Einführung in die Reisepädagogik), ein Blockseminar als viertägige Exkursion, Tagesexkursionen, Stadtrundfahrten in München und eine Sequenz Museumspädagogik statt

Praxisbezüge:
Teilnahme an Exkursionen

Semesterzahl und Semesterwochenstunden (SWS):
Studienbegleitend ca. 2 Jahre

Mögliche Abschlüsse:
Neben den Abschlüssen Magister, Lehramt, Promotion im Rahmen des Studiengangs Pädagogik kann man eine Doppelqualifikation als Studienreiseleiter/-in erwerben

Angestrebte Arbeitsfelder für Absolventen:
Reiseleitung, Studienreiseleitung und ähnliche Tätigkeitsfelder

Studienvoraussetzungen:
Allgemeine Hochschulreife

Bewerbung:
Direkt bei der Hochschule

Besonderheiten/Anmerkungen:
Das Angebot ist durch die Bindung an Frau Dr. Schmeer-Sturm bis 1991 befristet

Zusammenarbeit mit:
Fachhochschule München, FB Touristikbetriebswirtschaft; Universität Göttingen

Quelle:
Ein ausgefüllter Fragebogen und die Dokumentation "Freizeit-Curricula", Bielefeld 1987

• • • • •

Institution:
Fachhochschule München

Kontaktadresse:
Fachbereich Betriebswirtschaft, Schachenmeierstr. 35, 8000 München 19, Tel.: 089/1265-0
Kontaktperson: Prof. Dr. Peter Voigt

Studienmöglichkeit:
Studiengang Tourismus im Fachbereich Betriebswirtschaft mit den Studienrichtungen "Touristik" und "Hotel- und Restaurant-Management"

Personelle Lehrkapazität:
Im Fachbereich Betriebswirtschaft 44 Professoren/-innen und 160 Lehrbeauftragte

Lernziele/Ausbildungsinhalte:
Durch die Verbindung von allgemein betriebswirtschaftlichen mit branchenbezogenen Ausbildungsinhalten soll die berufliche Flexibilität der Absolventen gewährleistet werden; die Absolventen/-innen sollen die Fähigkeit erwerben, nach einer Einarbeitungszeit Führungsaufgaben in regionalen sowie überregionalen Fremdenverkehrsorganisationen, in Kur- und Bäderbetrieben sowie bei Reiseveranstaltern, Reisebüros, Verkehrsträgern und sonstigen touristischen Unternehmen zu übernehmen

Praxisbezüge:
Das 3. und das 6. von 8 Semestern sind praktische Studiensemester (praktische Ausbildung mit begleitenden Lehrveranstaltungen), in denen eindeutig berufsbezogene Tätigkeiten ausgeübt werden sollen; der Praktikant soll im 2. Praxissemester an das selbständige Arbeiten und die Lösung konkreter Aufgaben herangeführt werden

Semesterzahl und Semesterwochenstunden (SWS):
8 Semester mit insgesamt 166 SWS (plus 2 x 20 Praktikumswochen)

Mögliche Abschlüsse:
Diplom-Betriebswirt/-in (FH)

Angestrebte Arbeitsfelder für Absolventen:
Alle Tätigkeitsbereiche, die mit der Planung, der Kontrolle und der Steuerung eines Unternehmens im Tourismus zusammenhängen; hierzu gehören: Hotellerie und Gastronomie, Reisebüros und Reiseveranstalter, Verkehrsträger wie Fluggesellschaften oder Bahnen, Kurverwaltungen, Fremdenverkehrsorganisationen sowie Beratungsgesellschaften im Tourismus

Studienvoraussetzungen:
Allgemeine Hochschulreife oder Fachhochschulreife; Numerus Clausus!

Bewerbung:
Direkt bei der Hochschule

Besonderheiten/Anmerkungen:
Studienplatzbegrenzung für den Fachbereich auf 200 Studienanfäger pro Wintersemester; der Studiengang Tourismus hat zur Zeit ca. 800 Studenten/-innen; Auskünfte zum Studium erteilt die Verwaltung der FH München, Lothstr. 34, 8000 München 19, Tel.: 089/1265-0

Quelle:
Informationsbroschüre der FH München zur "Studienrichtung Tourismus"

• • • • •

Institution:
Universität-Gesamthochschule Paderborn

Kontaktadresse:
Fachbereich I (Fach Geographie), Warburger Str. 100, 4790 Paderborn, Tel.: 05251/60-2384 (Sekretariat), 60-2383 (Düsterloh), 60-2385 (Fuchs)
Kontaktpersonen: Prof. Dr. Diethelm Düsterloh, Prof. Dr. G. Fuchs

Studienmöglichkeit:
Magister-Studium mit Ausrichtung Tourismus im Hauptfach Geographie mit den Nebenfächern (tourismusrelevante) Sprachen und Betriebswirtschaftslehre

Personelle Lehrkapazität:
Im Hauptfach Geographie 8 Dozenten/-innen, davon 5 Professoren/-innen, 2 Wissenschaftliche Angestellte und 1 Lehrbeauftragte(r)

Lernziele/Ausbildungsinhalte:
Präsentation von Lern- und Bildungsobjekten im touristischen Bereich; Planung und Organisation, Leitung und Abrechnung von Bildungs- und Fernreisen; Bewertung und Untersuchung von Fremdenverkehrslandschaften; Konsumentenverhalten und Marketing; EDV im Tourismusgewerbe; Erlernen von mindestens 2 fremdenverkehrsrelevanten Sprachen

Praxisbezüge:
Praktikum ist nicht Pflicht aber dringend angeraten; obligatorische Praxisprojekte werden angeboten

Semesterzahl und Semesterwochenstunden (SWS):
8 Semester plus Prüfungssemester; die Magisterstudiengänge umfassen ein Hauptfach mit 80 SWS und zwei Nebenfächer mit je 40 SWS; im Hauptfachstudium sind rund 26 SWS im engeren Sinne tourismusbezogen

Mögliche Abschlüsse:
Magister Artium, Ausrichtung Tourismus; spätere Promotion möglich

Angestrebte Arbeitsfelder für Absolventen:
Insbesondere der Bereich Tourismus und der Bildungsbereich

Studienvoraussetzungen:
Allgemeine Hochschulreife, Sonderreifeprüfung oder abgeschlossenes Studium

Bewerbung:
Direkt bei der Hochschule

Besonderheiten/Anmerkungen:
Das Studienangebot besteht seit 1987 und die Studienordnung ist in Kraft; die Genehmigung der Nebenfächer ist beim Minister für Wissenschaft und Forschung beantragt, Zulassungen sind z.Zt. auf Einzelantrag möglich

Quelle:
Ein ausgefüllter Fragebogen und Informationen zum Magister-Studiengang Ausrichtung "Tourismus" (Jan./Juli 1987) von Prof. Dr. D. Düsterloh

• • • • •

Institution:
Berufsakademie Ravensburg

Kontaktadresse:
Marienplatz 2, 7980 Ravensburg, Tel.: 0751/806-373, -369, Kontaktpersonen: Prof. Hänssler, Prof. Dr. Winter, N.N.

Studienmöglichkeit:
Ausbildung zum/zur Diplom-Betriebswirt/-in (B.A.), Fachrichtung Fremdenverkehrswirtschaft

Personelle Lehrkapazität:
4½ Stellen für hauptamtliche Dozenten/-innen und zahlreiche Lehrbeauftragte

Lernziele/Ausbildungsinhalte:
Die theoretische Ausbildung besteht aus drei Komponenten:
1) Betriebswirtschaftliche Ausbildung
2) Fremdenverkehrswirtschaftliche Ausbildung
3) Fremdsprachliche Ausbildung

Praxisbezüge:
Verbindung fachwissenschaftlicher und berufspraktischer Ausbildung durch abwechselnde Theorie- und Praxisphasen im Verhältnis von etwa 50:50

Semesterzahl und Semesterwochenstunden (SWS):
Die Ausbildung dauert 3 Jahre

Mögliche Abschlüsse:
Diplom-Betriebswirt/-in (B.A.) Fachrichtung Fremdenverkehrswirtschaft; bereits nach vier Halbjahren wird ein erster staatlich geprüfter Abschluß als Wirtschaftsassistent/-in (B.A.) erreicht

Angestrebte Arbeitsfelder für Absolventen:
Alle Bereiche des Tourismus, der Naherholung und im Kur- und Bäderwesen

Studienvoraussetzungen:
Allgemeine Hochschulreife und ein Ausbildungsvertrag mit einem geeigneten Unternehmen der Fremdenverkehrswirtschaft

Bewerbung:
Direkt bei der Berufsakademie

Besonderheiten/Anmerkungen:
Es entsteht eine Gebühr von 100 DM; auf der anderen Seite stehen Studierende während der gesamten dreijährigen Ausbildung in einem vertraglichen, sozialversicherungspflichtigen Ausbildungsverhältnis mit einer monatlichen tariflichen Ausbildungsvergütung; der Ausbildungsvertrag (in Form eines zwingend anzuwendenden Mustervertrages) regelt auch die Freistellung für den Besuch der Berufsakademie

Quelle:
Ein ausgefüllter Fragebogen und die Broschüre der Berufsakademie Ravensburg (Stand 16.3.1988)

• • • • •

Institution:
Universität Trier

Kontaktadresse:
Fachbereich III Geographie und Geowissenschaften, Postfach 3825, 5500 Trier, Tel.: 0651/201-1, 0651/2250, 0651/2246
Kontaktperson: Prof. Dr. Christoph Becker

Studienmöglichkeit:
Studienrichtung Fremdenverkehrsgeographie im Studiengang Angewandte Geographie/Fremdenverkehrsgeographie

Personelle Lehrkapazität:
5 Dozenten/-innen, davon 1 Professor und 4 Lehrbeauftragte

Lernziele/Ausbildungsinhalte:
Fähigkeit erwerben, selbständig die Fremdenverkehrsentwicklung in Fremdenverkehrsgebieten und -gemeinden voranzutreiben

Praxisbezüge:
1 Pflichtpraktikum von 3 Monaten in Einrichtungen, die mit Tourismus und Planung zu tun haben

Semesterzahl und Semesterwochenstunden (SWS):
12 Semester mit ca. 160 SWS, davon etwa 32 SWS für den Studienschwerpunkt

Mögliche Abschlüsse:
Diplom-Geograph/-in mit dem Schwerpunkt Fremdenverkehrsgeographie

Angestrebte Arbeitsfelder für Absolventen:
Bereich Tourismus

Studienvoraussetzungen:
Allgemeine Hochschulreife; eventuell ab Herbst 1989 Numerus Clausus

Bewerbung:
Zunächst direkt bei der Hochschule

Zusammenarbeit mit:
Institut für Tourismus, FU Berlin

Quelle:
Ein ausgefüllter Fragebogen und die Dokumentation "Freizeit-Curricula", Bielefeld 1987

• • • • •

Institution:
Fachhochschule Rheinland-Pfalz, Abteilung Ludwigshafen/Worms

Kontaktadresse:
Fachbereich Betriebswirtschaft VIII, Erenburgerstraße 19, 6520 Worms, Tel.: 06241/510-21
Kontaktperson: Prof. Dr. Dietrich Machens

Studienmöglichkeit:
Im Fachbereich Betriebswirtschaft Diplomstudiengang Verkehrswesen/Touristik

Personelle Lehrkapazität:
12 Dozenten/-innen, davon 9 Professoren/-innen für die Bereiche Betriebswirtschaftslehre/Verkehrswesen/Touristik/Wirtschaftsenglisch, 3 Lehrkräfte für besondere Ausgaben im Bereich Sprachen und 18-20 Lehrbeauftragte

Lernziele/Ausbildungsinhalte:
Die Ausbildung soll zu Problembewußtsein und Entscheidungsfähigkeit führen; das Studium schließt die besonderen betriebswirtschaftlichen Belange der Touristik und der Verkehrswirtschaft ein und soll für Sach- und Führungsaufgaben qualifizieren

Praxisbezüge:
Kaufmännisches Pflichtpraktikum von 8 Monaten

Semesterzahl und Semesterwochenstunden (SWS):
7 Semester mit 130 SWS, davon etwa 45 SWS für den touristischen Bereich im engeren Sinne

Mögliche Abschlüsse:
Diplom-Betriebswirt/-in (FH)

Angestrebte Arbeitsfelder für Absolventen:
Tourismus (Reiseveranstalter/Reisemittler), Hotellerie, Kongreß- und Messewesen, Freizeit- und Fremdenverkehrswesen, Kur- und Bäderwesen, Verkehrswesen

Studienvoraussetzungen:
Allgemeine Hochschulreife (plus achtmonatiges Praktikum) oder Fachhochschulreife (plus sechsmonatiges Praktikum); abgeschlossene Lehre wird als Praktikum anerkannt; außerdem besteht ein Numerus Clausus

Bewerbung:
Direkt bei der Hochschule (Aufnahmeamt der FH, Adresse wie oben angegeben)

Besonderheiten/Anmerkungen:
Die Zahl der Studienplätze ist auf ca. 50 pro Halbjahr begrenzt

Zusammenarbeit mit:
Ealing College of Higher Education, London (GB); E.S.C.A.E. - Ecole Superieur de Commerce et d'Administracion des Enterprises, Montpellier (F); Esmatur - Escuela de Turismo, Barcelona (E)

Quelle:
Ein ausgefüllter Fragebogen und eine Studieninformation des Fachbereichs Betriebswirtschaft VIII

2.1.3 Inhaltliche Gruppe "Sport/Gesundheit mit Freizeitorientierung"

Institution:
Freie Universität Berlin

Kontaktadresse:
Fachbereich Erziehungs- und Unterrichtswissenschaften, Institut für Sportwissenschaft, Hagenstr. 56, 1000 Berlin 33
Kontaktpersonen: Stephan Riegger, Gerhard Harder

Studienmöglichkeit:
Geplant war ein Ergänzungsstudiengang "Freizeit-Sport und Bewegungskultur" als Versuch, alternative Berufsmöglichkeiten für Sportstudenten/ -innen aufzuzeigen und zu erschließen; die Einführung des Ergänzungsstudiengangs, für den bereits ein ausgearbeiteter Entwurf einer Studienordnung existiert, ist aber bislang aus institutsinternen Gründen (noch) nicht möglich gewesen (zum Ausbildungscurriculum vgl. Stephan Riegger/Gerhard Harder: Freizeitsport im modernen Sportverein, Berlin, Verlag Oberhofer)

Quelle:
Bericht zur Tätigkeit der Fachbereichsarbeitsgruppe Ergänzungsstudiengang "Freizeit-Sport und Bewegungskultur"

• • • • •

Institution:
Johann Wolfgang Goethe-Universität Frankfurt

Kontaktadresse:
Fachbereich 21: Institut für Sportwissenschaften der Johann Wolfgang Goethe-Universität, Ginnheimer Landstraße 39, 6000 Frankfurt a.M. 90, Tel.: 069/798-4510
Kontaktperson: Prof. Dr. K. Bös

Studienmöglichkeit:
Diplomsportwissenschaften mit dem Schwerpunkt Freizeitsport

Personelle Lehrkapazität:
Lehrkräfte des Instituts für Sportwissenschaften, ein verantwortlicher Hochschullehrer

Lernziele/Ausbildungsinhalte:
Teildisziplinen der Sportwissenschaften mit Bezug zu Freizeitsport: Sportpädagogik, Sportsoziologie, Sportpsychologie, Sportmedizin, Motopädagogik, Trainingswissenschaften, Bewegungswissenschaften

Praxisbezüge:
Didaktisch-methodische Übungen (8 SWS); 2 Lehrgänge (situative Sportarten); vierwöchiges Betriebspraktikum (empfohlen)

Semesterzahl und Semesterwochenstunden (SWS):
Grundstudium (4 Semester, 81 SWS), Hauptstudium (4 Semester, 63 SWS), Prüfungssemester

Mögliche Abschlüsse:
Diplomsportwissenschaftler/-in

Angestrebte Arbeitsfelder für Absolventen:
Institutionen und Organisationen im Breiten- und Freizeitsport

Studienvoraussetzungen:
Allgemeine Hochschulreife; Studieneingangsprüfung

Bewerbung:
Direkt bei der Hochschule: Studentensekretariat der Johann Wolfgang Goethe-Universität Frankfurt, Senckenberganlage 31, 6000 Frankfurt a.M. 11

Quelle:
Kurzdarstellung vom Institut für Sportwissenschaften (Prof. Dr. K. Bös)

● ● ● ● ●

Institution:
Pädagogische Hochschule Freiburg

Kontaktadresse:
Kunzenweg 21, 7800 Freiburg, Tel.: 0761/682-1, -366, -367
Kontaktperson: Prof. Dr. phil. Klaus Kramer

Studienmöglichkeit:
Sportpädagogik und Freizeitsport als Wahlpflichtfach im Studienschwerpunkt Erwachsenenbildung und berufliche Fortbildung (Fachbereich V)

Personelle Lehrkapazität:
Im Fach Sport 11 Dozenten/-innen, davon 5 Professoren/-innen und 6 Wissenschaftliche Angestellte

Lernziele/Ausbildungsinhalte:
Es soll die Fähigkeit vermittelt werden, Freizeitgruppen im Bereich Bewegung/Sport unter geselligen, prophylaktisch-therapeutischen, gestalterisch-künstlerischen sowie sportartspezifischen Aspekten zu betreuen

Praxisbezüge:
Keine näheren Angaben

Semesterzahl und Semesterwochenstunden (SWS):
8 Semester mit 140/132 SWS insgesamt, davon 32 SWS für den Schwerpunkt

Mögliche Abschlüsse:
Diplom-Pädagoge/-in

Angestrebte Arbeitsfelder für Absolventen:
Vor allem die Bereiche Naherholung und Breitensport

Studienvoraussetzungen:
Allgemeine Hochschulreife oder ein abgeschlossenes Studium

Bewerbung:
Direkt bei der Hochschule

Besonderheiten/Anmerkungen:
Weiterführende Planungen bestehen dahingehend, eine inhaltliche Erweiterung in Richtung "Kulturpädagogik/-management" vorzunehmen

Quelle:
Ein ausgefüllter Fragebogen

• • • • •

Institution:
Pädagogische Hochschule Freiburg

Kontaktadresse:
Kunzenweg 21, 7800 Freiburg, Tel.: 0761/682-0
Kontaktperson: Prof. Dr. Volker Schneider

Studienmöglichkeit:
Wahlpflichtfach Gesundheitspädagogik im Diplomstudiengang Erziehungswissenschaften (Fachbereich I)

Personelle Lehrkapazität:
9 Dozenten/-innen, davon 6 Professoren/-innen und 3 Wissenschaftliche Angestellte

Lernziele/Ausbildungsinhalte:
Ziel ist die Befähigung zur Förderung der Gesundheit in primärpräventiven, sekundärpräventiven und tertiärpräventiven Bereichen

Praxisbezüge:
Mehrmonatiges Praktikum in einer anerkannten Institution sowie bedarfsgerechte und praxisorientierte Ausbildung in "Gesundheit und Ernährung" oder "Gesundheit und Bewegung"

Semesterzahl und Semesterwochenstunden (SWS):
Innerhalb des achtsemestrigen Diplomstudiengangs kann ab dem 5. Semester das Wahlpflichtfach mit maximal 32 SWS studiert werden, untergliedert in ca. 10 SWS für Humanphysiologie und Humanökologie, 10 SWS für Sozialmedizin und Konzeptionen für Gesundheitsförderung, 10 SWS für eine bedarfsgerechte und praktisch ausgerichtete methodische und inhaltliche Ausbildung

Mögliche Abschlüsse:
Diplom-Pädagoge/-in

Angestrebte Arbeitsfelder für Absolventen:
Kurwesen, gesundheits-/präventionsrelevante Bereiche im Breitensport, in der Sozialarbeit und im Gesundheitswesen

Studienvoraussetzungen:
Allgemeine Hochschulreife oder Fachhochschulreife

Bewerbung:
Beim Diplomprüfungsamt der Hochschule

Besonderheiten/Anmerkungen:
Ein Erweiterungsstudiengang "Gesundheitspädagogik" befindet sich im Aufbau

Zusammenarbeit mit:
Studienkolleg Bielefeld

Quelle:
Ein ausgefüllter Fragebogen und Informationen über das "neue Wahlpflichtfach Gesundheitspädagogik"; Artikel in: Gesundheitswissenschaften, Materialien des Oberstufenkollegs, Bielefeld 1989

• • • • •

Institution:
Universität Karlsruhe

Kontaktadresse:
Institut für Sport und Sportwissenschaft, Kaiserstr. 12, Postfach 6980, 7500 Karlsruhe 1, Tel.:0721/608-2484, -2901
Kontaktpersonen: Prof. Dr. H. Steiner, Peter Kern

Studienmöglichkeit:
Berufsbegleitende Kurse als Zusatzausbildung zum/zur Präventionsreferenten/-in oder zum/zur Rückenkursleiter/-in

Personelle Lehrkapazität:
10 Dozenten/-innen, davon 1 Professor, 3 Wissenschaftliche Angestellte und 6 Lehrbeauftragte

Lernziele/Ausbildungsinhalte:
Qualifikation zur Planung, Organisation und Durchführung von Bewegungs- und Gesundheitsprogrammen im Bereich der Prävention (Präventionsreferent/-in bzw. Rückenkursleiter/-in)

Praxisbezüge:
In speziellen Kurseinheiten werden praktische Anwendungsverfahren erlernt

Semesterzahl und Semesterwochenstunden (SWS):
240 Stunden für die Ausbildung zum/zur Präventionsreferenten/-in; 88 Stunden für die Ausbildung zum/zur Rückenkursleiter/-in

Mögliche Abschlüsse:
Zusatzqualifikation als Präventionsreferent/-in bzw. als Rückenkursleiter/-in

Angestrebte Arbeitsfelder für Absolventen:
Vornehmlich der Gesundheitsbereich

Studienvoraussetzungen:
Abgeschlossene Berufsausbildung als Krankengymnast/-in oder Physiotherapeut/-in oder ein abgeschlossenes Studium als Sportlehrer/-in

Bewerbung:
Direkt bei der Wissenschaftlichen Arbeitsgruppe Gesundheit und Sport (WAGUS e.V.), Sportinstitut der Universität Karlsruhe

Besonderheiten/Anmerkungen:
Das Kursangebot existiert seit Anfang 1989

Zusammenarbeit mit:
Pädagogische Hochschule Karlsruhe; Universität Heidelberg; Pädagogische Hochschule Heidelberg; Sportinstitut Mannheim

Quelle:
Ein ausgefüllter Fragebogen und Informationsblätter zu den Zusatzausbildungen

• • • • •

Institution:
Deutsche Sporthochschule Köln

Kontaktadresse:
Institut für Sportsoziologie und Freizeitpädagogik, Carl-Diem-Weg, 5000 Köln 41, Tel.: 0221/4982580
Kontaktperson: Dr. Hans Stollenwerk

Studienmöglichkeit:
Studienschwerpunkt "Freizeitstudien/Breitensport" als einer (von drei erforderlichen) "Sportarten-Schwerpunkten" im Hauptstudium des Diplomstudiengangs

Personelle Lehrkapazität:
2 Wissenschaftliche Angestellte und 15 Lehrbeauftragte

Lernziele/Ausbildungsinhalte:
Vermittlung von Kenntnissen im Bereich Freizeitstudien, Breitensport, im außerschulischen und rehabilitativen Bereich, im Freizeitbereich der Schule und im sozialen Bereich

Praxisbezüge:
3 Pflichtpraktika (studienbegleitend) von je 1 Semester (2 Stunden pro Woche) in unterschiedlichen Freizeit-, Sport- oder Sozialeinrichtungen

Semesterzahl und Semesterwochenstunden (SWS):
14 SWS im Hauptstudium für den Studienschwerpunkt

Mögliche Abschlüsse:
Diplomsportlehrer/-in mit dem Schwerpunkt Freizeitpädagogik

Angestrebte Arbeitsfelder für Absolventen:
Bereiche wie Tourismus, Naherholung, Breitensport, Fitness/Gesundheit/Prävention sowie soziale und soziokulturelle Arbeitsfelder

Studienvoraussetzungen:
Abgeschlossenes Grundstudium an der Deutschen Sporthochschule

Bewerbung:
Direkt beim Institut für Sportsoziologie und Freizeitpädagogik der DSHS

Besonderheiten/Anmerkungen:
Eine Veränderung der Studienordnung der DSHS zugunsten freizeitorientierter Inhalte ist geplant

Zusammenarbeit mit:
Deutscher Sportbund; Landessportbund NRW; Cluburlaubsanbieter (u.a. Robinson Club, Club Mediteranee)

Quelle:
Ein ausgefüllter Fragebogen

• • • • •

Institution:
Universität Oldenburg

Kontaktadresse:
Fachbereich 5 Sportwissenschaft, Postfach 2503, 2900 Oldenburg, Tel.: 0441/798-0, -3154
Kontaktperson: Prof. Dr. Jürgen Dieckert

Studienmöglichkeit:
Studienschwerpunkt "Freizeitsport" in den Studiengängen "Sportwissenschaft" für das Lehramt für Grund- und Hauptschulen, für das Lehramt für Realschulen, für das Lehramt für Gymnasien, für das Lehramt für Berufsbildende Schulen, für das Lehramt für Sonderschulen sowie im Magister-Studiengang Sportwissenschaft

Personelle Lehrkapazität:
9 hauptamtliche Lehrkräfte, davon 4 Professoren/-innen, 5 Wissenschaftliche Mitarbeiter/-innen sowie Lehrbeauftragte/Hilfslehrkräfte

Lernziele/Ausbildungsinhalte:
Theoretische und praktisch-methodische Orientierung für den Freizeit- und Breitensport

Praxisbezüge:
In jedem Studiengang 1 Pflichtpraktikum von 6 Wochen in Schulen oder sportfachlich orientierten Institutionen

Semesterzahl und Semesterwochenstunden (SWS):
Je nach Studiengang 9-11 Semester ohne Vorgaben für eine bestimmte Anzahl von Semesterwochenstunden für die Schwerpunktsetzung

Mögliche Abschlüsse:
1. Staatsexamen für die o.g. Lehrämter; Magister-Artium

Angestrebte Arbeitsfelder für Absolventen:
Schulen, Sportvereine, Sportverbände, Therapie- und Gesundheitsbereiche, Freizeit- und Fitnesseinrichtungen, Tourismus sowie ähnliche mögliche Tätigkeitsfelder für den Breiten- und Freizeitsport

Studienvoraussetzungen:
Allgemeine Hochschulreife

Bewerbung:
Direkt bei der Hochschule

Besonderheiten/Anmerkungen:
Für das Magister-Studium bestehen noch Zulassungsbeschränkungen, es gab in den letzten Jahren mehr Bewerber/-innen als Studienplätze; in den Lehramtsstudiengängen ist die Zahl der Studierenden seit dem WS 88/89 um das Doppelte gestiegen, Zulassungsbeschränkungen bestehen (noch) nicht

Quelle:
Ein ausgefüllter Fragebogen und das Veranstaltungsverzeichnis der Universität Oldenburg WS 1989/90

2.1.4 Inhaltliche Gruppe "Kultur/Kunst mit Freizeitorientierung"

Institution:
Alanus – Hochschule der Musischen und Bildenden Künste

Kontaktadresse:
Johannishof, 5305 Bonn–Alfter, Tel.: 02222/3713

Studinemöglichkeit:
Aufbaustudium "Kunst in sozialen Arbeitsfeldern"

Personelle Lehrkapazität:
Keine näheren Angaben

Lernziele/Ausbildungsinhalte:
Allgemeine Menschenkunde/Biographie; Geistesgeschichte/Anthropologie; künstlerische Arbeit in der eigenen Fachrichtung; Zielgruppenarbeit/Grundlagen der Wirtschafts- und Sozialwissenschaften

Praxisbezüge:
Im Rahmen des Aufbaustudiengangs: Praktika in Industrie/Wirtschaft, im Strafvollzug und im volkspädagogischen Bereich

Semesterzahl und Semesterwochenstunden (SWS)
Das Aufbaustudium wird in Trimestern absolviert und dauert ca. 2 Jahre, je ein Jahr Innen- und Außenstudium

Mögliche Abschlüsse:
Diplom/Zertifikat

Angestrebte Arbeitsfelder für Absolventen:
Sozialarbeit und Sozialpädagogik, insbesondere therapeutische Institute, Krankenhäuser, heilpädagogische Einrichtungen, Strafvollzugsanstalten u.a.m.

Studienvoraussetzungen:
Künstlerische Ausbildung an einer anthroposophisch orientierten Institution und ein sechswöchiges Vorpraktikum im sozialen Bereich; zusätzlich günstig ist eine abgeschlossene Lehre oder ein praktisches Jahr in einem sozialen Zusammenhang

Bewerbung:
Direkt bei der Hochschule

Besonderheiten/Anmerkungen:
Es entstehen Kosten von 300 DM monatlich (ohne Unterkunft und Verpflegung)

Quelle:
Übersicht über kulturpädagogische Ausbildungskonzeptionen der Kulturpolitischen Gesellschaft e.V. (1987)

● ● ● ● ●

Institution:
Hochschule der Künste Berlin, Kulturpädagogische Arbeitsstelle für Weiterbildung

Kontaktadresse:
Fachbereich 11, Kulturpädagogische Arbeitsstelle für Weiterbildung, Köthener Str. 44, 1000 Berlin 61, Tel.: 030/261-1677, -1678
Kontaktpersonen: Jutta Kunde, Prof. Helmut Hartwig (Leitung)

Studienmöglichkeit:
Weiterbildungsstudium Kulturarbeit für bildende Künstler/-innen und Kunstpädagogen/-innen

Personelle Lehrkapazität:
1 Professor des Fachbereichs 11 mit Leitungsfunktion und Aufgaben am FB 11 (Lehrerstudium), 5 Wissenschaftliche Angestellte als Lehrbeauftragte mit insgesamt 22 SWS

Lernziele/Ausbildungsinhalte:
Das weiterbildende Studium vermittelt Künstlern/-innen und Kunstpädagogen/-innen eine kulturpädagogische Zusatzqualifikation; Lehrinhalte und Qualifikationsbereiche sind insbesondere: Kulturelle Erwachsenenbildung, Kinder- und Jugendkulturarbeit, Stadtteilkulturarbeit, Kunst und Therapie

Praxisbezüge:
Multimediale Projektarbeit steht im Zentrum des Studiums

Semesterzahl und Semesterwochenstunden (SWS):
4 Semester

Mögliche Abschlüsse:
Zeugnis mit abschließendem Gutachten und Nachweis aller erbrachten Studienleistungen

Angestrebte Arbeitsfelder für Absolventen:
Der sozialpädagogische und soziokulturelle Bereich, Arbeitsfelder im Kur- und Gesundheitsbereich sowie der kulturelle Bildungsbereich

Studienvoraussetzungen:
Abgeschlossenes Studium als bildende(r) Künstler/-in oder Kunstpädagoge/-in und/oder eine mehrjährige künstlerische Praxis; über die Zulassung wird in einer Zulassungskommission auf Antrag entschieden

Bewerbungen:
Unterlagen können angefordert werden beim: Immatrikulations- und Prüfungsamt der Hochschule der Künste Berlin, Hardenbergstr. 33, 1000 Berlin 10, Tel.: 030/31852348

Besonderheiten/Anmerkungen:
Aufnahme jeweils zum Wintersemester; Bewerbungsfrist zum WS 1990/91: 15.3. bis 30.4.1990

Quelle:
Das kommentierte Vorlesungsverzeichnis und die Dokumentation "Freizeit-Curricula", Bielefeld 1987

• • • • •

Institution:
Hochschule für Bildende Künste Braunschweig

Kontaktadresse:
J. Selenka-Platz 1, 3300 Braunschweig, Tel.: 0531/3919-122, -213
Kontaktperson: Prof. Dr. G. Kiefer

Studienmöglichkeit:
Aufbaustudium "Kulturarbeit und Erwachsenenbildung"

Personelle Lehrkapazität:
5 Dozenten/-innen, davon 3 Professoren/-innen, 1 Wissenschaftliche(r) Angestellte(r), 1 Lehrbeauftragte(r)

Lernziele/Ausbildungsinhalte:
Qualifizierung und Bildung für eine Tätigkeit in der kulturellen Praxis (u.a. Medienpädagogik/-kunde)

Praxisbezüge:
3 Pflichtpraktika in Form von Hospitationen und Mitarbeiterfortbildungen in verschiedenen Bildungseinrichtungen (6 Wochen); Praxisprojekte

Semesterzahl und Semesterwochenstunden:
4 Semester mit 21-25 SWS (Vollzeit-Aufbaustudium)

Mögliche Abschlüsse:
Magister

Angestrebte Arbeitsfelder für Absolventen:
Schwerpunktmäßig im Bildungsbereich sowie in sozialpädagogischen und soziokulturellen Arbeitsfeldern

Studienvoraussetzungen:
Abgeschlossenes Studium und Vorerfahrung in der Erwachsenenbildung

Bewerbung:
Direkt bei der Hochschule

Besonderheiten/Anmerkungen:
10 Studienplätze stehen pro Jahr zur Verfügung

Zusammenarbeit mit:
Akademie für Arbeit und Politik, Bremen; Volkshochschulen; "Arbeit und Leben", Düsseldorf

Quelle:
Ein ausgefüllter Fragebogen

• • • • •

Institution:
Universität Bremen

Kontaktadresse:
Fachbereich 10: Sprach- und Kulturwissenschaft, Bibliothekstraße, 2800 Bremen 33, Tel.: 0421/218-1

Studienmöglichkeit:
Studiengang Kulturwissenschaften

Personelle Lehrkapazität:
Keine näheren Angaben

Lernziele/Ausbildungsinhalte:
Kulturtheorie; empirische Kulturforschung; Kulturarbeit; Alltags- und Popularkulturen; Kunst/Architektur; Literatur/Medien/Spiel/Theater

Praxisbezüge:
Zwei- bis dreimonatiges Praktikum in einer kulturellen Einrichtung (Empfehlung); nach 4 Semestern Teilnahme an einem innenuniversitären Projekt (z.B. "Kinderkultur")

Semesterzahl und Semesterwochenstunden (SWS):
8 Semester Regelstudienzeit

Mögliche Abschlüsse:
Magister Artium

Angestrebte Arbeitsfelder für Absolventen:
Kulturjournalistik und Medienarbeit; Animation, Stadtteilarbeit und behördliche Kulturarbeit; Tätigkeiten in Theatern, Museen, Archiven u.a.m.; Bildungs-, Weiterbildungs- und Forschungsinstitutionen

Studienvoraussetzungen:
Allgemeine Hochschulreife

Bewerbung:
Direkt bei der Hochschule

Quelle:
Überblick über kulturpädagogische Ausbildungskonzeptionen der Kulturpolitischen Gesellschaft e.V. (1987)

• • • • •

Institution:
Gesamthochschule Essen

Kontaktadresse:
Fachbereich II, Universitätsstr. 2, 4300 Essen, Tel.: 0201/183-1, -2190, -2234
Kontaktperson: PD Dr. Michael Behr

Studienmöglichkeit:
Voraussichtlich zum SS 90 erfolgt für den Studiengang Erziehungswissenschaft die Einrichtung eines Studienschwerpunktes Kulturarbeit; für den Magisterstudiengang in den Fachbereichen 1 bis 4 wurde ein Studienschwerpunkt Kulturpädagogik eingerichtet; weiterhin wurde ein Ergänzungsstudiengang Erziehungswissenschaft mit einem Schwerpunkt "Stadtteilbezogene soziale Arbeit und Kulturarbeit" von 5 Semestern Dauer eingeführt

Besonderheiten/Anmerkungen:
Genauere Angaben zu diesen Studienmöglichkeiten lagen bei Redaktionsschluß dieser Ausgabe noch nicht vor

Quelle:
Angaben von PD Dr. Michael Behr

• • • •

Institution:
Universität Frankfurt, Institut für Kunstpädagogik

Kontaktadresse:
Sophienstr. 1-3, 6000 Frankfurt/M. 11, Tel.: 069/798-1

Studienmöglichkeit:
Studiengang Kunstpädagogik mit Freizeitorientierung

Personelle Lehrkapazität:
Keine näheren Angaben

Lernziele/Ausbildungsinhalte:
Auseinandersetzung mit umfangreichen Theorie- und Praxisbereichen der Kunstpädagogik

Praxisbezüge:
Praktische Übungen und mehrtägige Exkursionen sowie ein fünfwöchiges Praktikum in kunstpädagogischen Institutionen (Museum, Schule, VHS, Kulturzentrum etc.)

Semesterzahl und Semesterwochenstunden (SWS):
10 Semester Regelstudienzeit

Mögliche Abschlüsse:
Magister Artium

Angestrebte Arbeitsfelder für Absolventen:
Kulturelle Institutionen; Einrichtungen der Aus- und Weiterbildung; der kunstpädagogische Bereich; der Kultur- und Freizeitbereich; Rehabilitation und Therapie; Forschung

Studienvoraussetzungen:
Allgemeine Hochschulreife

Bewerbung:
Direkt bei der Hochschule (Institut für Kunstpädagogik)

Quelle:
Überblick über kulturpädagogische Ausbildungskonzeptionen der Kulturpolitschen Gesellschaft e.V. (Stand 1987)

• • • • •

Institution:
Hochschule für Wirtschaft und Politik - Wissenschaftliche Hochschule des Zweiten Bildungsweges

Kontaktadresse:
von-Melle-Park 9, 2000 Hamburg 13, Tel.: 040/4123-2191, -2179, -2187
Kontaktperson: Peter Wismann

Studienmöglichkeit:
Kontaktstudiengang "Kultur- und Bildungsmanagement"

Personelle Lehrkapazität:
Etwa 50 Dozenten/-innen für den Schwerpunkt insgesamt (Professoren/ -innen, Wissenschaftl. Mitarbeiter/-innen, Gastdozenten/-innen)

Lernziele/Ausbildungsinhalte:
Die Ausbildung verläuft in drei Sequenzen: 1. Kultur- und Bildungsprozesse, 2. Management und Administration, 3. Projektarbeit im Praxisprojekt; das Weiterbildungsangebot konzentriert sich auf eine Vermittlung der Basisqualifikationen; durch die praktischen Studienanteile wird aber eine hohe Transferfähigkeit in andere Arbeitsfelder gesichert

Praxisbezüge:
Siehe oben (3. Sequenz); das Studium wird insgesamt durch ein oder mehrere Praxisprojekte begleitet, die einen wöchentlichen Zeitaufwand von 3 Stunden zusätzlich zur theoretischen Ausbildung ausmachen.

Semesterzahl und Semesterwochenstunden (SWS):
4 Semester mit durchschnittlich 15 Wochen, in denen jeweils 2 dreistündige Abendkurse stattfinden; ergänzend kommen Wochenendseminare und Praxisprojekte hinzu

Mögliche Abschlüsse:
Zertifikat

Angestrebte Arbeitsfelder für Absolventen:
Soziokultureller Bereich; Beratung und Animation; Bildungsbereich

Studienvoraussetzungen:
Allgemeine Hochschulreife oder abgeschlossene Berufsausbildung und Berufspraxis von mehr als 1 Jahr in einschlägigen Tätigkeitsfeldern, Erfahrung in der Kultur- und Bildungsarbeit, erfolgreiche Teilnahme an einem Auswahlgespräch

Bewerbung:
Direkt bei der Hochschule

Besonderheiten/Anmerkungen:
Das Weiterbildungsstudium ist zunächst befristet, da es sich um einen Modellversuch handelt, der im Oktober 1989 beginnt; es entstehen Studiengebühren von etwa 220 DM pro Semester; die Teilnehmerzahl ist auf 35 pro Jahr begrenzt

Zusammenarbeit mit:
Hochschule für Musik, Hamburg; Volkshochschulen; soziokulturelle Zentren

Quelle:
Ein ausgefüllter Fragebogen und Informationsblätter zum Weiterbildungsstudium

• • • • •

Institution:
Hochschule für Musik und darstellende Kunst Hamburg

Kontaktadresse:
Harvestehuder Weg 12, 2000 Hamburg 13, Tel.: 040/44195580

Studienmöglichkeit:
Wahlpflichtfach Kulturmanagement

Personelle Lehrkapazität:
Keine näheren Angaben

Lernziele/Ausbildungsinhalte:
Innerhalb des Wahlpflichtbereiches wird ein systematischer Überblick über den Gesamtbereich des Kultur- und Medienmanagements verschafft, und es werden spezifische Profile der verschiedenen Berufsfelder vermittelt

Praxisbezüge:
Zwei Praktika in den Berufsfeldern des Kulturmangements sollen absolviert werden

Semesterzahl und Semesterwochenstunden (SWS):
Keine näheren Angaben

Mögliche Abschlüsse:
Keine näheren Angaben

Angestrebte Arbeitsfelder für Absolventen:
Verlage; Theater; Kulturbehörden; Film- und Fernsehproduktionsfirmen; öffentlich-rechtliche und private Rundfunk- und Fernsehanstalten; Künstleragenturen u.a.m.

Studienvoraussetzungen:
Keine näheren Angaben

Bewerbung:
Direkt bei der Hochschule

Quelle:
Auszug aus dem Vorlesungsverzeichnis Sommersemester 1989

●●●●●

Institution:
Wissenschaftliche Hochschule Hildesheim

Kontaktadresse:
Fachbereich II, Marienburger Platz 22, 3200 Hildesheim, Tel.: 05121/ 883-221
Kontaktperson: Prof. Dr. Josef Nolte

Studienmöglichkeit:
Diplomstudiengang Kulturpädagogik im Fachbereich II (Kulturwissenschaften und Ästhetische Kommunikation)

Personelle Lehrkapazität:
Keine näheren Angaben

Lernziele/Ausbildungsinhalte:
Die drei Kernfächer sind: 1) Kunstwissenschaften und Bildende Kunst, 2) Musikwissenschaften und Musikerziehung, 3) Literaturwissenschaften, Theater und Medien; das Studium soll dabei Kommunikations-, Interpretations- und Organisationskompetenzen vermitteln; besonders hervorzuheben ist die wissenschaftlich-künstlerische Doppelstruktur des Studiums

Praxisbezüge:
Verschiedene mehrwöchige Praktika sind Pflicht

Semesterzahl und Semesterwochenstunden (SWS):
8–10 Semester

Mögliche Abschlüsse:
Diplom-Kulturpädagoge/-in; Promotion zum Dr. phil.

Angestrebte Arbeitsfelder für Absolventen:
Berufsfelder der kulturellen Erziehung im außerschulischen Bereich

Studienvoraussetzungen:
Allgemeine Hochschulreife oder eine Immaturenprüfung; Befähigungsprüfung in einem der drei Kernfächer (Bildende Kunst, Literatur oder Musik) auf der Basis eigener Produktionen (Mappe, Texte, Vorspiel); der Numerus Clausus regelt darüber hinaus die Aufnahme in den Studiengang

Bewerbung:
Keine näheren Angaben

Besonderheiten/Anmerkungen:
Die Aufnahmekapazität liegt bei rund 80 Neuanfängern/-innen pro Jahr, die Anzahl der Bewerber/-innen aber bei durchschnittlich 200–250

Quelle:
Dokumentation "Freizeit-Curricula", Bielefeld 1987, und der Überblick über kulturpädagogische Ausbildungskonzeptionen der Kulturpolitischen Gesellschaft e.V. (Stand 1987)

• • • • •

Institution:
Evangelische Fachhochschule für Sozialwesen

Kontaktadresse:
Maxstr. 29, 6700 Ludwigshafen, Tel.: 0621/518007
Kontaktperson: Prof. Dr. Schreiner

Studienmöglichkeit:
Studienschwerpunkt: Projekt Kulturarbeit im Studiengang Sozialpädagogik

Personelle Lehrkapazität:
2 Dozenten/-innen, davon 1 Professor und 1 Wissenschaftliche(r) Angestellte(r)

Lernziele/Ausbildungsinhalte:
Erwerb von Praxiskenntnissen für die Kinder- und Jugendarbeit sowie für die Erwachsenenbildung

Praxisbezüge:
1 Pflichtpraktikum als Projekt über 1 Jahr mit 2 Stunden pro Woche in Kulturzentren oder ähnlichen Einrichtungen

Semesterzahl und Semesterwochenstunden (SWS):
6 Semester; davon entfallen 7 SWS im Hauptstudium auf das Projekt Kulturarbeit

Mögliche Abschlüsse:
Sozialpädagoge/-in (FH)

Angestrebte Arbeitsfelder für Absolventen:
Die Bereiche Sozialpädagogik, Soziokultur, Beratung und Animation

Studienvoraussetzungen:
Allgemeine Hochschulreife oder Fachhochschulreife und 1 Jahr Praktikum

Bewerbung:
Direkt bei der Hochschule

Besonderheiten/Anmerkungen:
Die Anzahl der Studienplätze im Fachbereich ist auf 110 pro Jahr begrenzt, im Studienschwerpunkt auf 12 (NC!)

Zusammenarbeit mit:
Evangelische Fachhochschule Darmstadt; Evangelische Fachhochschule Reutlingen; Evangelische Fachhochschule Freiburg

Quelle:
Ein ausgefüllter Fragebogen

• • • • •

Institution:
Philipps-Universität Marburg

Kontaktadresse:
Institut für Europäische Ethnologie und Kulturforschung, Fachbereich Gesellschaftswissenschaften und Philosophie, Bahnhofstr. 3, 3550 Marburg, Tel.: 06421/28-4353, -4922
Kontaktpersonen: Prof. Dr. Martin Scharfe, Prof. Dr. Hans-Friedrich Foltin

Studienmöglichkeit:
Berufsbezogene Studienschwerpunkte "Museum" und "Medien/Öffentliche Kulturarbeit" im Studiengang Europäische Ethnologie; die Lehrveranstaltungen der Studienschwerpunkte eignen sich auch für Studenten des Diplom-Studienganges Erziehungswissenschaften mit dem Schwerpunkt Freizeit- und Medienpädagogik

Personelle Lehrkapazität:
9 Dozenten/-innen, davon 3 Professoren/-innen, 3 Wissenschaftliche Angestellte und 3 Lehrbeauftragte

Lernziele/Ausbildungsinhalte:
Die Ausbildung im Studienschwerpunkt Museum orientiert sich an den Erfordernissen der beruflichen Praxis der Museumsarbeit; im Studienschwerpunkt Medien und öffentliche Kulturarbeit soll vor allem auf Tätigkeiten im Rahmen von Bildungsarbeit, Wissenschaftspopularisierung, Medienpolitik, Programmplanung u.ä. vorbereitet werden

Praxisbezüge:
1 empfohlenes Praktikum von 4-8 Wochen in Museen oder Kulturinstitutionen

Semesterzahl und Semesterwochenstunden (SWS):
Das Schwerpunktstudium sollte im 5. Semester (von insgesamt 9 Semestern) beginnen

Mögliche Abschlüsse:
Magister Artium

Angestrebte Arbeitsfelder für Absolventen:
Sozialpädagogische und soziokulturelle Tätigkeitsfelder in Museen und im Bereich Medien und öffentliche Bildungs- und Kulturarbeit

Studienvoraussetzungen:
Allgemeine Hochschulreife

Bewerbung:
Direkt bei der Hochschule

Quelle:
Ein ausgefüllter Fragebogen und die Studienordnung für den Studiengang Europäische Ethnologie

• • • • •

Institution:
Universität Tübingen

Kontaktadresse:
Ludwig-Uhland-Institut für Empirische Kulturwissenschaft, Schloß, 7400 Tübingen 1, Tel.: 07071/292374

Studienmöglichkeit:
Studiengang "Empirische Kulturwissenschaft"

Personelle Lehrkapazität:
6 Dozenten (bei zur Zeit 600 Studierenden)

Lernziele/Ausbildungsinhalte:
Einführung in die Empirische Kulturwissenschaft; Grundzüge historisch-sozialwissenschaftlichen Argumentierens; Kulturtheorien/empirische Verfahren; Spezialseminare aus dem Bereich Alltags- und Freizeitverhalten, Kommunikation oder kulturpädagogische Praxis; im Hauptstudium mindestens zwei Spezialseminare aus den oben genannten Arbeitsgebieten des Faches

Praxisbezüge:
Im Grundstudium mindestens 1 (in der Regel mehrtägige) Exkursion in einen lokalspezifischen Kulturbereich, z.T. mit eigenständiger Kulturarbeit, z.B. Durchführung einer Befragung; im Hauptstudium 2 Exkursionen und 1 mindestens zweisemestriges empirisches Praktikum

Semesterzahl und Semesterwochenstunden (SWS):
9 Semester Regelstudienzeit

Mögliche Abschlüsse:
Magister Artium

Angestrebte Arbeitsfelder für Absolventen:
Journalistische Berufe und Tätigkeiten im Verlags- und Büchereiwesen; Berufe kommunaler (oder auch regionaler) Planung und Kulturpraxis (einschl. Erwachsenenbildung und Museumswesen); sozialpraktische Berufe (vor allem im Freizeitbereich)

Studienvoraussetzungen:
Allgemeine Hochschulreife, Numerus Clausus!

Bewerbung:
Direkt über die Universität Tübingen

Quelle:
Überblick über kulturpädagogische Ausbildungskonzeptionen der Kulturpolitischen Gesellschaft e.V. (Stand 1987), ergänzt von der Hochschule

2.1.5 Inhaltliche Gruppe "Sozialwesen mit Freizeitorientierung"

Institution:
Katholische Stiftungsfachhochschule München, Abteilung Benediktbeuern

Kontaktadresse:
Don-Bosco-Str. 1, 81/4 Benediktbeuern, Tel.: 08857/88-0, -229
Kontaktperson: Prof. Dr. Franz Schmid

Studienmöglichkeit:
Studienschwerpunkt Jugendarbeit im Studiengang Sozialwesen

Personelle Lehrkapazität:
3 Dozenten/-innen, davon 1 Professor/-in und 2 Lehrbeauftragte

Lernziele/Ausbildungsinhalte:
Kompetenzvermittlung für die praktische Arbeit als Sozialpädagoge/-in im Bereich der Jugendarbeit

Praxisbezüge:
Ein obligatorisches Praxissemester

Semesterzahl und Semesterwochenstunden (SWS):
42 SWS im gesamten (achtsemestrigen) Studium, davon 2 SWS im Grundstudium und 40 SWS im Hauptstudium für den Studienschwerpunkt

Mögliche Abschlüsse:
Diplom Sozialpädagoge/-in (FH)

Angestrebte Arbeitsfelder für Absolventen:
Arbeitsfelder in der Jugendarbeit (z.B. in Freizeitstätten, in Jugendverbänden, in der kommunalen Jugendpflege etc.), im soziokulturellen Bereich sowie im Bildungsbereich (besonders in der außerschulischen Jugendbildung)

Studienvoraussetzungen:
Allgemeine Hochschulreife oder Fachhochschulreife (Numerus Clausus!)

Bewerbung:
Direkt bei der Fachhochschule

Besonderheiten/Anmerkungen:
Studienplatzbegrenzung für den Schwerpunkt auf 16 Bewerber/-innen

Quelle:
Ein ausgefüllter Fragebogen und Rechtsgrundlagen zum Studium an der Kath. Fachhochschule (Studien- und Prüfungsordnungen u.ä.)

● ● ● ● ●

Institution:
Fachhochschule für Sozialarbeit und Sozialpädagogik Berlin

Kontaktadresse:
Karl-Schrader-Str. 6, 1000 Berlin 30, Tel.: 030/2105-1, -326
Kontaktperson: Frau Prof. Helga Danzig (Beauftragte für Fort- und Weiterbildung

Studienmöglichkeit:
Berufsbegleitende Fortbildungsseminare für Praktiker/-innen in sozial- und freizeitpädagogischen Arbeitsfeldern

Personelle Lehrkapazität:
4 Professoren/-innen und ca. 4 Lehrbeauftragte (für die Fortbildung)

Lernziele/Ausbildungsinhalte:
Befähigung zur Einbeziehung kultureller Inhalte in sozialpädagogische Gruppenarbeit und andere soziokulturelle Berufsaufgaben

Praxisbezüge:
Lehrbeauftragte aus der Praxis; ansonsten nicht notwendig, da es sich um eine berufsbegleitende Fortbildung handelt

Semesterzahl und Semesterwochenstunden: (SWS)
1 Semester mit 2 SWS (ein zunächst befristetes Angebot)

Mögliche Abschlüsse:
Keiner

Angestrebte Arbeitsfelder für Absolventen:
Arbeitsfelder im sozialen und soziokulturellen Bereich

Studienvoraussetzungen:
Fachhochschulreife sowie eine abgeschlossene Berufsausbildung und Berufspraxis

Bewerbung:
Direkt bei der Fachhochschule

Besonderheiten/Anmerkungen:
Der Ausbildungsgang "Sozialpädagogik und Sozialarbeit" an der FHSS umfaßt u.a. auch musische Lehrinhalte, die auf Freizeitpädagogik und Kulturarbeit abgestellt sind, die jedoch in dieser Kurzdarstellung nicht berücksichtigt wurden

Zusammenarbeit mit:
Möglichen Anstellungsträgern

Quelle:
Ein ausgefüllter Fragebogen

● ● ● ● ●

Institution:
Evangelische Fachhochschule Berlin, Fachhochschule für Sozialarbeit und Sozialpädagogik

Kontaktadresse:
Reinerzstraße 40/41, 1000 Berlin 33, Tel.: 030/829908-21
Kontaktperson: Heidemarie Kirschnik (Leiterin der Akademischen Verwaltung)

Studienmöglichkeit:
Freizeitpädagogik als Studienelement im Studiengang Sozialarbeit/Sozialpädagogik sowie im Rahmen eines umfassenden Fortbildungsprogrammes für Sozialarbeiter/-innen und Institutionen der Sozialarbeit aus der Praxis

Personelle Lehrkapazität:
Keine näheren Angaben

Lernziele/Ausbildungsinhalte:
Im Studiengang Sozialarbeit/Sozialpädagogik gibt es ein breites Seminarangebot zu "Pädagogischen Medien", Einführungen in Freizeitpädagogik sowie Freizeitpädagogik als Angebot für projektorientierte Vertiefungsgebiete; die Seminare im Fortbildungsprogramm enthalten ähnliche medien-, erlebnis- und freizeitpädagogische Angebote

Praxisbezüge:
Im Studiengang Sozialarbeit/Sozialpädagogik ist das 4. Semester ein Praxissemester (zwei dreimonatige Blockpraktika) mit praxisbegleitenden Seminaren und Einführung in das projektorientierte Vertiefungsgebiet; während des 5. und 6. Semesters ist ein studienbegleitendes Praktikum abzuleisten, und nach der Hauptprüfung folgen zwei berufspraktische Semester für die staatliche Anerkennung

Semesterzahl und Semesterwochenstunden (SWS):
6 Semester und 2 berufspraktische Semester (Anerkennungsjahr) im Studiengang Sozialarbeit/Sozialpädagogik – für das Studienelement Freizeitpädagogik sind keine SWS-Zahlen vorgegeben; Fortbildungsseminare von 2 SWS werden semesterweise angeboten und können einzeln belegt werden (Teilnahmebegrenzungen)

Mögliche Abschlüsse:
Diplom-Sozialarbeiter/-in, Diplom-Sozialpädagoge/-in

Angestrebte Arbeitsfelder für Absolventen:
Im wesentlichen der sozialpädagogische und soziokulturelle Bereich

Studienvoraussetzungen:
Fachhochschulreife, allgemeine Hochschulreife oder fachgebundene Hochschulreife für das Studium, abgeschlossenes Studium Sozialwesen und Berufspraxis für die Fortbildungsveranstaltungen

Bewerbung:
Direkt bei der Fachhochschule; Tel. des Zulassungsamtes: 030/829908-26

Quelle:
Vorlesungsverzeichnis Sommersemester 1988 der Evangelischen Fachhochschule Berlin und das Verzeichnis der Fortbildungsveranstaltungen für das Wintersemester 1988/89

• • • • •

Institution:
Evangelische Fachhochschule Rheinland-Westfalen-Lippe

Kantaktadresse:
Fachbereich Sozialwesen, Immanuel-Kant-Str. 18-20, 4630 Bochum 1, Tel.: 0234/36901-0
Kontaktperson: Paul Pfeiffer

Studienmöglichkeit:
Studienschwerpunkte "Ästhetik und Kommunikation" sowie "Freizeitpädagogik" im Studiengang Sozialpädagogik

Personelle Lehrkapazität:
Keine näheren Angaben

Lernziele/Ausbildungsinhalte:
Im Studienschwerpunkt sollen kulturelle/künstlerische Kompetenzen für den Sozial- und Freizeitbereich vermittelt und entfaltet werden; dazu gibt es Veranstaltungen in Bereichen wie Kunstpädagogik/Visuelle Kommunikation, Musikpädagogik/Auditive Kommunikation, Literaturpädagogik/Sprache, Spiel- und Interaktionspädagogik und Bewegungspädagogik

Praxisbezüge:
Projektarbeit "Kultur im sozialen Feld" (vom Justizvollzug über Krankenhäuser bis zu kommunalen Freizeiteinrichtungen); Praktika im Sozial- und Freizeitbereich (Kinderheime, Jugendzentren u.ä.)

Semesterzahl und Semesterwochenstunden (SWS):
6 Semester Regelstudienzeit plus Anerkennungsjahr; Schwerpunktsetzung im dreisemestrigen Hauptstudium

Mögliche Abschlüsse:
Diplom-Sozialpädagoge/-in; Zusatzzertifikat "Kulturpädagogik" wird derzeit diskutiert

Angestrebte Arbeitsfelder für Absolventen:
Keine näheren Angaben

Studienvoraussetzungen:
Fachgebundene Hochschulreife

Bewerbung:
Direkt bei der Evangelischen Fachhochschule

Quelle:
Überblick über kultupädagogische Ausbildungskonzeptionen der Kulturpolitischen Gesellschaft e.V. (1987)

● ● ● ● ●

Institution:
Evangelische Fachhochschule Darmstadt

Kontaktadresse:
Zweifalltorweg 12, 6100 Darmstadt, Tel.: 06151/8798-0
Kontaktperson: Prof. Dr. phil. Jörg Kniffka

Studienmöglichkeit:
Das Studium der Sozialarbeit (Fachbereich I), der Sozialpädagogik (Fachbereich II) und der Gemeindepädagogik (Fachbereich III) ist in fünf verschiedene Studienbereiche untergliedert; Freizeitpädagogik wird in diesem Rahmen als Schwerpunkt angeboten, entprechende schwerpunktbezogene Lehrveranstaltungen und Praxisprojekte werden insbesondere im 4., 5. und 6. Semester durchgeführt; der Studienschwerpunkt "Freizeitpädagogik" ist an den Studienbereich 2 "Gesellschaftliche Grundlagen" und an den Studienbereich 3 "Erziehungs- und Verhaltenswissenschaftliche Grundlagen" angegliedert; freizeitpädagogisches Grundlagenwissen wird in den übrigen Semestern vermittelt

Personelle Lehrkapazität:
4 hauptamtliche Professoren/-innen (Musikpädagoge/-in, Soziologe/-in, Politologe/-in und Theologe/-in) und 2-3 Lehrbeauftragte (Pädagogen/-innen und Medienfachleute)

Lernziele/Ausbildungsinhalte:
Als Lehrveranstaltungen werden im Rahmen des Studienschwerpunktes z.B. angeboten: "Methoden, Konzepte und Praxisreflexion von Freizeitpädagogik", "Arbeit und Freizeit in soziologischer und sozialethischer Sicht"

Praxisbezüge:
Im Grundstudium ist ein Grundpraktikum zu absolvieren, das zudem im Rahmen einer entsprechenden Lehrveranstaltung auszuwerten ist; im Hauptstudium ist ein "Praxisschein" zu erwerben

Semesterzahl/Semesterwochenstunden (SWS):
7 Semester Regelstudienzeit; etwa 40 SWS sind im Hauptstudium für "Akzentuierungen" in den verschiedenen Studienbereichen zu belegen

Mögliche Abschlüsse:
Diplom-Sozialarbeiter/-in (FH); Diplom-Sozialpädagoge/-in (FH); Diplom-Religionspädagoge/-in

Angestrebte Arbeitsfelder für Absolventen:
Sozialpädagogische und kirchliche Arbeitsfelder

Studienvoraussetzungen:
Fachhochschulreife

Bewerbung:
Direkt bei der Fachhochschule

Quelle:
Das Verzeichnis der Lehrveranstaltungen, Sommersemester 1989

• • • • •

Institution:
Pädagogische Hochschule Freiburg

Kontaktadresse:
Kunzenweg 21, 7800 Freiburg, Tel.: 0761/682-1, -239
Kontaktperson: Prof. Dr. N. Huppertz

Studienmöglichkeit:
Elemente der Studienrichtung Sozial- und Freizeitpädagogik im Diplom-Studium Erziehungswissenschaften

Personelle Lehrkapazität:
13 Dozenten/-innen, davon 5 Professoren/-innen, 5 Wissenschaftliche Angestellte, 3 Lehrbeauftragte, die diese Studienelemente eher "nebenbei" anbieten

Lernziele/Ausbildungsinhalte:
Vermittlung von Sachwissen und Handlungskompetenz für den sozialpädagogischen Freizeitbereich

Praxisbezüge:
1 Pflichtpraktikum im Block (4 Monate) oder studienbegleitend in einer geeigneten Institution

Semesterzahl und Semesterwochenstunden (SWS):
Keine näheren Angaben

Mögliche Abschlüsse:
Diplom-Pädagoge/-in

Angestrebte Arbeitsfelder für Absolventen:
Der sozialpädagogische Bereich, der wissenschaftliche Bereich, der Bildungsbereich und der Bereich Beratung/Animation

Studienvoraussetzungen:
Allgemeine Hochschulreife

Bewerbung:
Direkt bei der Hochschule

Zusammenarbeit mit:
I.E.J.A.S. Marcinelle (Belgien)

Quelle:
Ein ausgefüllter Fragebogen

• • • • •

Institution:
Evangelische Fachhochschule Hannover

Kontaktadresse:
Blumhardtstr. 2, 3000 Hannover 61, Tel.: 0511/5301-0

Studienmöglichkeit:
Studiengang Sozialpädagogik/Sozialarbeit mit kulturpädagogischen Akzenten

Personelle Lehrkapazität:
Keine näheren Angaben

Lernziele/Ausbildungsinhalte:
Schwerpunktbildung im Hauptstudium: Medienpädagogik, Kulturarbeit, Gemeinwesenarbeit, Gruppenarbeit

Praxisbezüge:
Einschlägige berufsorientierte Seminare: Kulturarbeit, soziale Kulturarbeit, Praktika in Feldern kommunaler Kulturarbeit

Semesterzahl und Semesterwochenstunden (SWS):
6 Semester Regelstudienzeit (2 Semester Grundstudium, 4 Semester Hauptstudium)

Mögliche Abschlüsse:
Diplom-Sozialpädagoge-in oder Diplom-Sozialarbeiter/-in

Angestrebte Arbeitsfelder für Absolventen:
Berufliche Einsatzmöglichkeiten in der Stadtteilkulturarbeit sowie in alternativen Kultureinrichtungen

Studienvoraussetzungen:
Fachgebundene Hochschulreife, sechsmonatiges Praktikum im sozialpädagogischen Bereich

Bewerbung:
Direkt bei der Hochschule

Besonderheiten/Anmerkungen:
Pro Semester können maximal 80 Studenten aufgenommen werden

Quelle:
Überblick über kulturpädagogische Ausbildungskonzeptionen der Kulturpolitischen Gesellschaft e.V. (Stand 1987)

● ● ● ● ●

Institution:
Gesamthochschule Kassel - Universität

Kontaktadresse:
Fachbereich IV Sozialwesen, Arnold-Bode-Str. 10, 3500 Kassel, Tel.: 0561/804-0, -2928
Kontaktperson: Priv.-Doz. Dr. Walter Tokarski

Studienmöglichkeit:
Studienelement Freizeit innerhalb des Pflichtfachs "Soziale Gerontologie" des Aufbaustudiengangs "Soziale Gerontologie"

Personelle Lehrkapazität:
2 Hochschullehrer/-innen vertreten freizeitbezogene Studienelemente

Lernziele/Ausbildungsinhalte:
Kennenlernen der Bedeutung von Freizeit im Alter und im Lebensverlauf, von Freizeitbedingungen, von Freizeitangeboten für Ältere und von der Arbeit mit älteren Menschen

Praxisbezüge:
Ein obligatorisches Praxisjahr

Semesterzahl und Semesterwochenstunden (SWS):
Innerhalb von 6 Semestern 8 SWS für die Studienelemente "Freizeit"

Mögliche Abschlüsse:
Diplom-Sozialgerontologe/-in (Universitätsabschluß)

Angestrebte Arbeitsfelder für Absolventen:
Die Bereiche Gesundheit, Beratung und Animation, Bildung sowie der soziale und der soziokulturelle Bereich

Studienvoraussetzungen:
Abgeschlossenes Studium der Sozialarbeit und Berufspraxis von 3 Jahren, davon mindestens 2 Jahre in der Altenarbeit

Bewerbung:
Direkt bei der Hochschule

Zusammenarbeit mit:
Universität Bielefeld (Prof. Dr. Nahrstedt); Universität Göttingen (AOR Dr. Wegener-Spöring); Universität Marburg (Prof. Dr. Lüdtke); Jugendbildungsstätte Emlichheim (Dr. Oberste-Lehn); Rijksuniversiteit Gent (Prof. Dr. Faché); Deutsche Sporthochschule Köln (Prof. Rittner)

Quelle:
Ein ausgefüllter Fragebogen

● ● ● ● ●

Institution:
Katholische Fachhochschule Nordrhein-Westfalen
(Abteilungen: Aachen, Köln, Münster, Paderborn)

Kontaktadressen:
Zentralverwaltung (und Abteilung Köln), Wörthstr. 10, 5000 Köln 1, Tel.: 0221/7757-0
Abteilung Aachen, Robert-Schumann-Str. 25, 5100 Aachen, Tel.: 0241/66033
Abteilung Münster, Piusallee 89/93, 4400 Münster, Tel.: 0251/42811
Abteilung Paderborn, Leostr. 19, 4790 Paderborn, Tel.: 05251/23040

Studienmöglichkeit:
Medienpädagogik (Ästhetik und Kommunikation) als "Wahlpflichtfach" im Studiengang Sozialarbeit und als Wahlpflichtfach im Rahmen des "Fächerstudiums" im Studiengang Sozialpädagogik (Studienelement)

Personelle Lehrkapazität:
Keine Angaben für den Bereich Medienpädagogik

Lernziele/Ausbildungsinhalte:
Vermittlung von medien- und kulturpädagogischen Handlungskompetenzen

Praxisbezüge:
2 zehnwöchige Vollzeitpraktika (i.d.R. nach dem 1. und nach dem 3. Semester) und 1 studienbegleitendes Teilzeitpraktikum, das in Form von Projektarbeit durchgeführt werden kann

Semesterzahl und Semesterwochenstunden (SWS):
7 Semester Regelstudienzeit (einschließl. Prüfungssemester); im Studiengang Sozialarbeit sind 6 SWS für ein Wahlpflichtfach vorgesehen; das Pflichtfach Medienpädagogik im Studiengang Sozialarbeit umfaßt 10 SWS (einschließlich 4 SWS praktische Übungen)

Mögliche Abschlüsse:
Diplom-Sozialarbeiter/-in, Diplom-Sozialpädagoge/-in

Angestrebte Arbeitsfelder für Absolventen:
Sozialarbeit/sozialpädagogische Arbeit und Bildungsarbeit mit Kindern, Erwachsenen und alten Menschen in unterschiedlichen Institutionen

Studienvoraussetzungen:
Fachgebundene Hochschulreife sowie Nachweis eines Grund- und eines Fachpraktikums von je 3 Monaten; alternativ: Einstufungsprüfung oder Fachoberschulabschluß für Sozialpädagogik oder Sozialarbeit

Bewerbung:
Direkt bei der Katholischen Fachhochschule

Quelle:
Studienordnung des Fachbereichs Sozialwesen und das Personal- und Vorlesungsverzeichnis der Katholischen Fachhochschule

● ● ● ● ●

Institution:
Fachhochschule Nordostniedersachsen

Kontaktadresse:
Fachbereich Sozialwesen, Munstermannskamp 1, 2121 Lüneburg, Tel.: 04131/706-0, -1, -6
Kontaktperson: Christoph Kusche

Studienmöglichkeit:
Studienschwerpunkt Jugend- und Kulturarbeit im Studiengang Sozialarbeit

Personelle Lehrkapazität:
2 hauptamtlich Lehrende für den Schwerpunkt

Lernziele/Ausbildungsinhalte:
Befähigung zur Aus- und Fortbildung von haupt- und ehrenamtlichen Mitarbeitern/-innen in der offenen und verbandlichen Jugendarbeit im kulturellen Bereich

Praxisbezüge:
1 Pflichtpraktikum von 6 Wochen sowie Praxisprojekte

Semesterzahl und Semesterwochenstunden (SWS):
6 Semester; 30 SWS von insgesamt 60 SWS im Hauptstudium werden dem Studienschwerpunkt gewidmet

Mögliche Abschlüsse:
Diplom-Sozialarbeiter/-in

Angestrebte Arbeitsfelder für Absolventen:
Der sozialpädagogische und soziokulturelle Bereich (kommunale und freigemeinnützige Einrichtungen/Träger der Jugendarbeit)

Studienvoraussetzungen:
Fachhochschulreife oder Sonderreifeprüfung (Numerus Clausus!)

Bewerbung:
Direkt bei der Hochschule

Quelle:
Ein ausgefüllter Fragebogen

• • • • •

Institution:
Universität-Gesamthochschule Siegen

Kontaktadresse:
Postfach 101240, 5900 Siegen, Tel.: 0271/740-4755, -3182
Kontaktperson: Prof. Dr. Peter Marchal, Tel.: 0271/740-2159 (8-12 Uhr)

Studienmöglichkeit:
Innerhalb des Studiengangs "Außerschulisches Erziehungs- und Sozialwesen" (AES) gibt es das Fach "Ästhetik und Kommunikation"

Personelle Lehrkapazität:
9 hauptamtliche Fachvertreter/-innen sowie zusätzlich Lehrbeauftragte

Lernziele/Ausbildungsinhalte:
Im Mittelpunkt steht die Vermittlung von Kompetenzen für die ästhetische Praxis; zu dem Fach "Ästhetik und Kommunikation" gehören z.B. Kunstpädagogik, Textilgestaltung, Sprache/Literatur, Spiel- und Theaterpädagogik, Musikpädagogik, Sport/Spiel/Tanz und Vermittelte Kommunikation/Massenkommunikation

Praxisbezüge:
Projekte in den Bereichen "Behinderte", "Soziokulturelle Einrichtungen und Initiativen", "Werkbus", "Vorschulerziehung"

Semesterzahl/Semesterwochenstunden (SWS):
Diplom I: 7 Semester mit 130 SWS
Diplom II: weitere 4 Semester mit 80 SWS

Mögliche Abschlüsse:
Diplom-Sozialarbeiter/-in; Diplom-Sozialpädagoge/-in (Diplom I)
Diplom-Pädagoge/-in (Diplom II)

Angestrebte Arbeitsfelder für Absolventen:
Sozialpädagogische Felder wie Kinder- und Jugendarbeit, Kulturarbeit, außerschulische Bildung, in denen "ästhetische Praxis" umgesetzt werden kann

Studienvoraussetzungen:
Allgemeine Hochschulreife bzw. Fachhochschulreife

Bewerbung:
Direkt bei der Hochschule

Quelle:
P. Marchal (Hg.): Einführung in das Fach "Ästhetik und Kommunikation", Siegen 1989; Ergänzungen zum Kurzportrait

2.2 Sonstige Curricula

2.2.1 Inhaltliche Gruppe "Freizeit allgemein"

Institution:
Evangelische Akademie Bad Boll

Kontaktadresse:
7325 Bad Boll, Tel.: 07164/79-1
Kontaktperson: Klaus Strittmatter (Studienleiter)

Ausbildungsart:
Allgemeine und berufsbezogene Weiterbildung sowie Multiplikatoren-Weiterbildung im Rahmen von Tagungen

Weitere Arbeitsfelder der Institution:
Beratung; Studien; Forumsveranstaltungen; Konsultationen; Studien- und Begegnungsreisen; Meditative Übungen u.a.

Hauptzielgruppen des Angebotes:
Haupt- und Ehrenamtliche in Sportverbänden, Vereinen, Kirchengemeinden

Inhalte/Angebote:
Tagungen zur Freizeitentwicklung sowie Weiterqualifizierung von Ehrenamtlichen in unterschiedlichen Tätigkeitsfeldern

Teilnahmevoraussetzungen:
Multiplikator-Funktion

Ausbildungszeitraum:
3-4 Tage

Gebühren:
30-65 DM pro Tag

Abschluß:
Keiner

Quelle:
Ein ausgefüllter Fragebogen

• • • • •

Institution:
Evangelische Heimvolkshochschule Bederkesa - Sprengelzentrum

Kontaktadresse:
Am Begrabenholz 25, 2852 Bederkesa, Tel.: 04745/6016 oder 6017
Kontaktperson: Dr. Manfred Pluskwa

Ausbildungsart:
Intern und extern angebotene Weiterbildung/Fortbildung auf der Grundlage des "Freizeit-Kurses" der Evangelischen Kirche sowie Fachtagungen zur Freizeitpädagogik, Freizeitplanung und Freizeitpolitik

Weitere Arbeitsfelder der Institution:
Fortbildungen und Informationsvermittlung für die Bereiche Theologie, Pädagogik, Gesellschaft, Politik, Kirche, Familie u.ä.m.

Hauptzielgruppen des Angebotes:
Mitarbeiter/-innen in freizeit- und sozialpädagogischen Einrichtungen

Inhalte/Angebote:
Freizeitkurs; Fachtagungen zur Freizeitpädagogik; Fachtagungen zur Freizeitplanung und -politik (geplant)

Teilnahmevoraussetzungen:
Keine

Ausbildungszeitraum:
Der Freizeitkurs beansprucht 15 Teilnehmertage (128 Stunden), verteilt auf ca. 6 Monate (Blockveranstaltungen)

Gebühren:
380 DM (plus Kursmaterial)

Abschluß:
Teilnahmebescheinigung

Besonderheiten/Anmerkungen:
Die Teilnehmerzahl pro Freizeitkurs ist auf ca. 20 begrenzt; da der Kurs erstmals von Oktober 1988 bis Juni 1989 angeboten wurde, müssen die

gesammelten Erfahrungen zunächst ausgewertet werden, bevor der Freizeitkurs ggf. in das regelmäßige Angebot aufgenommen wird; nähere Anfragen sind direkt an die Institution zu richten

Quelle:
Ein ausgefüllter Fragebogen und zusätzlich übersandtes Informationsmaterial über die Arbeit des Sprengelzentrums

● ● ● ● ●

Institution:
IFKA - Institut für Freizeitwissenschaft und Kulturarbeit e.V.

Kontaktadresse:
Postfach 6224, 4800 Bielefeld 1, Tel.: 0521/1063315
Kontaktpersonen: Dipl.-Päd. Walburga Hatzfeld, Dr. Johannes Fromme

Ausbildungsart:
Fachtagungen zu freizeit- und tourismusrelevanten Themen; Multiplikatoren-Weiterbildung und Fortbildungen in Kooperation mit Fachverbänden oder im Auftrag von öffentlichen, gemeinnützigen oder privaten Organisationen

Weitere Arbeitsfelder der Institution:
Grundlagen- und Auftragsforschung im Freizeit- und Tourismusbereich; Verlagsarbeit; Konzeptentwicklung, Beratung und gutachterliche Tätigkeiten

Hauptzielgruppen des Angebotes:
Mitarbeiter, Verantwortliche und Interessenten im Freizeitbereich

Inhalte/Angebote:
Jährliche Winterakademien in Zusammenarbeit mit der Universität Bielefeld und anderen Organisationen zu aktuellen, freizeitrelevanten Themen; Auftragsseminare; Referententätigkeit bei Tagungen, Fortbildungen, Seminaren u.ä.m.

Teilnahmevoraussetzungen:
In der Regel keine

Ausbildungszeitraum:
Ein- und Mehrtagesveranstaltungen (bis zu einer Woche)

Gebühren:
Variieren

Abschluß:
Teilnahmebescheinigungen

Quelle:
Eigene Angaben

• • • • •

Institution:
Kollegschule Bethel

Kontaktadresse:
Am Zionswald 12, 4800 Bielefeld-Bethel, Tel.: 0521/144-0, -2467

Ausbildungsart:
Schwerpunkt Freizeitpädagogik im Rahmen einer Erzieherausbildung

Weitere Arbeitsfelder der Institution:
Erzieherausbildung, Fachschule für Heilpädagogik

Hauptzielgruppen des Angebots:
Das Angebot ist nur im Rahmen der Erzieherausbildung wahrnehmbar

Inhalte/Angebote:
Im letzten Jahr der schulischen Ausbildung und im Anerkennungsjahr (BAJ) können die Kollegschüler/-innen einen Schwerpunkt für die Arbeit im Freizeitbereich setzen; es geht dabei vor allem um freizeitpädagogische Arbeit mit Kindern und Jugendlichen

Teilnahmevoraussetzungen:
Mittlere Reife und ein Jahr Berufserfahrung

Ausbildungszeitraum:
Erzieherausbildung als zweijährige Vollzeitausbildung

Gebühren
Keine

Abschluß:
Erzieher/-in mit dem Schwerpunkt Freizeitpädagogik für Kinder und Jugendliche

Besonderheiten/Anmerkungen:
Pro Jahr können 18 Kollegschüler/-innen aufgenommem werden

Quelle:
Ein ausgefüllter Fragebogen

● ● ● ● ●

Institution:
Bund Deutscher Pfadfinder/-innen - Landesverband Bremen/Niedersachsen

Kontaktadresse:
Heinrichstr. 21, 2800 Bremen 1, Tel.: 0421/323807
Kontaktperson: Jürgen Seevers

Ausbildungsart:
Gruppenleiter-Lehrgänge, Fachseminare und Fortbildungen sowie unregelmäßig projektbezogene Weiterbildungsangebote im Theater-, Akrobatik- und Tanzbereich

Weitere Arbeitsfelder der Institution:
Allgemeine Freizeitarbeit für 8-25jährige; Projektarbeit auch für und mit Erwachsene(n); Fortbildung für ökologische(s) Handwerk und Sanierung

Hauptzielgruppen des Angebotes:
Interessenten aus allen gesellschaftlichen Gruppen

Inhalte/Angebote:
Neben den Gruppenleiter-Lehrgängen werden auch Fachseminare und Fortbildungen über längere Zeiträume (1-2 Jahre) angeboten; unregelmäßig werden projektbezogene Angebote im Theater-, Akrobatik- und Tanzbereich gemacht

Teilnahmevoraussetzungen:
Sind je nach Maßnahme unterschiedlich definiert; der Lernerfolg soll jedoch unter anderem auch der Verbandsarbeit dienen

Ausbildungszeitraum:
Je nach Maßnahme bis zu 2 Jahren

Gebühren:
Für Unterkunft und Verpflegung 35 DM pro Tag

Abschluß:
Die Lehrgänge, Fachseminare und Fortbildungen werden als Zusatzausbildungen angeboten

Besonderheiten/Anmerkungen:
Der Themenbereich "Tourismus und Umwelt – sanftes Reisen" ist verstärkt aufgegriffen worden; innerhalb des Verbandes werden bundesweite Angebote vermittelt

Quelle:
Ein ausgefüllter Fragebogen und Programme

• • • • •

Institution:
Verein Aktive Erziehung e.V.

Kontaktadresse:
c/o Elke Schulz, Warmbrunner Str. 32, 1000 Berlin 33,

Ausbildungsart:
a) Grundausbildungslehrgang zum/zur Jugendgruppenleiter/-in/Animateur/-in
b) Ausbildung zum/zur Betreuer/-in in internationalen Begegnungen
c) Ausbildung zum/zur Sprachbetreuer/-in

Weitere Arbeitsfelder der Institution:
Durchführung von Jugendferienfreizeiten (international)

Hauptzielgruppen des Angebotes:
Pädagogen/-innen, Lehrer/-innen, Sozialarbeiter/-innen, Erzieher/-innen und pädagogisch Interessierte, die in ihrer Freizeit *ehrenamtlich* tätig sind

Inhalte/Angebote:
Die Lehrgänge sind als "learning by doing" (ohne Referenten, Vorlesungen o.ä.) konzipiert und finden zum Teil im Ausland statt

Teilnahmevoraussetzungen:
Grundkenntnisse in der jeweiligen Fremdsprache

Ausbildungszeitraum:
50 Stunden; verteilt auf 5-7 Tage

Gebühren:
Sind abhängig davon, ob der Lehrgang im In- oder Ausland stattfindet

Abschluß:
Zertifikat

Besonderheiten/Anmerkungen:
Keine Ausbildung für *berufliche* Arbeit im Freizeitbereich

Quelle:
Ein ausgefüllter Fragebogen und ein Faltblatt "Aus- und Fortbildung für Betreuer/-innen in internationalen Begegnungen"

• • • • •

Institution:
IST – Institut für Sport, Freizeit und Touristik

Kontaktadresse:
Hasselweg 24, 4408 Dülmen, Tel.: 02594/84219; Ausbildungsort: Münster
Kontaktperson: Dr. Hans E. Ulrich

Ausbildungsart:
Ausbildung zum Freizeit-Manager (vollzeit oder berufsbegleitend)

Weitere Arbeitsfelder der Institution:
Dokumentationen im Bereich Freizeitzentren; Herausgabe einer Fachzeitschrift "Der Freizeit-Manager"; Planungsberatung bei Freizeitanlagen

Hauptzielgruppen des Angebotes:
Sportpädagogen/-innen und Interessenten angrenzender Berufsfelder

Inhalte/Angebote:
Ausbildung zum Freizeit-Manager als Vollzeitausbildung oder (seit kurzem) als berufsbleitende Ausbildung; Ziel ist die Befähigung zur kaufmännischen und organisatorischen Leitung einer Freizeiteinrichtung (Sportcenter, Freizeitbad, Verein, Touristikclub, Sporthotel etc.)

Teilnahmevoraussetzungen:
Allgemeine Hochschulreife, Fachhochschulreife und/oder abgeschlossene Berufsausbildung

Ausbildungszeitraum:
10½ Monate (Vollzeit)

Gebühren:
8400 DM (Förderung nach AFG möglich)

Abschluß:
Freizeit-Manager inkl. IHK-Abschluß über kaufmännische Inhalte

Besonderheiten/Anmerkungen:
Eine Erweiterung des Ausbildungsangebotes zum Sport-Manager und Animateur ist geplant; Start der Freizeit-Manager-Ausbildung erstmals im Oktober 1989

Quelle:
Ein ausgefüllter Fragenbogen und zusätzliches Informationsmaterial

• • • • •

Institution:
Hessische Heimvolkshochschule Fürsteneck e.V.

Kontaktadresse:
Am Schloßgarten 3, 6419 Eiterfeld 1, Tel.: 06672/455
Kontaktperson: Herr Ernst

Ausbildungsart:
Weiterbildung für pädagogische Mitarbeiter/-innen im Freizeitbereich als berufsbegleitende Blockveranstaltung

Weitere Arbeitsfelder der Institution:
Achtwöchige Intensivkurse für junge Erwachsene; musisch-kulturelle Seminare für verschiedene Zielgruppen; Bildungsurlaube

Hauptzielgruppen des Angebotes:
Pädagogische Mitarbeiter/-innen im Freizeitbereich

Inhalte/Angebote:
Angeboten werden u.a. folgende Maßnahmen: "Gesundheit und ganzheitliches Denken", "Kreativität und Berufsroutine", Medienseminare (Einführung in Videotechnik und fotografische Gestaltung), Werkstattseminare in den Bereichen Musik, Tanz, Theater, Keramik, Seidenmalen etc.

Teilnahmevoraussetzungen:
Keine

Ausbildungszeitraum:
5 Tage (30 Stunden)

Gebühren:
Zur Zeit ca. 150 DM pro Maßnahme

Abschluß:
Keiner

Quelle:
Ein ausgefüllter Fragebogen

• • • • •

Institution:
Bundesverband der pädagogischen Freizeitberufe e.V.

Kontaktadresse:
Volgersweg 4, 3000 Hannover 1, Tel.: 0511/664466
Kontaktperson: Rolf von der Horst

Ausbildungsart:
Intern und extern angebotene Weiterbildung für alle im Freizeitbereich Tätigen (bis hin zu Existenzgründungsseminaren)

Weitere Arbeitsfelder der Institution:
Öffentlichkeitsarbeit; Kooperation mit DGF (Deutsche Gesellschaft für Freizeit) und IFKA (Institut für Freizeitwissenschaft und Kulturarbeit); Beratung und Hilfen für Unternehmungen im Freizeitbereich

Hauptzielgruppen des Angebotes:
Interessenten und bereits Aktive im Freizeitbereich

Inhalte/Angebote:
Existenzgründungsseminare; Fachtagungen zu spezifischen Freizeitproblemen; Kooperationsseminare mit Institutionen und Sponsoren

Teilnahmevoraussetzungen:
Keine

Ausbildungszeitraum:
Unterschiedlich

Gebühren:
Unterschiedlich (teilweise sozial gestaffelt)

Abschluß:
Keiner

Quelle:
Ein ausgefüllter Fragebogen

• • • • •

Institution:
Evangelische Arbeitsstelle Fernstudium für kirchliche Dienste der EKD

Kontaktadresse:
Herrenhäuser Str. 12, 3000 Hannover 21, Tel.: 0511/7111-0, -408
Kontaktpersonen: Ruth Oertel (Leiterin), Wolfgang Thorns

Ausbildungsart:
Berufsbegleitende Kurse und Einzelarbeit mit Fernstudienmaterial, u.a. "Fernkurs Freizeit"

Weitere Arbeitsfelder der Institution:
Fortbildungsangebote für Erwachsenenbildung, Eltern- und Familienbildung, Altenbildung, Alltag und Glaube, Ökumene, Sprachkurs Alt-Griechisch

Hauptzielgruppen des Angebotes:
Mitarbeiter/-innen in kirchlichen und säkularen Handlungsfeldern

Inhalte/Angebote:
Der "Fernkurs Freizeit" beinhaltet insgesamt 6 Studienbriefe mit folgenden Themenbereichen: Grundlagen der Freizeitarbeit; Situations- und Problemanalyse freizeitpädagogischer Ziele und Konzepte; Freizeit und Kirche; Zielgruppen/Orte/Freie Zeiten; Freizeitdidaktik; Konzepte der Animation; Der Freizeitmitarbeiter

Teilnahmevoraussetzungen:
Multiplikator-Funktion

Ausbildungszeitraum:
Als berufsbegleitende Maßnahme ca. 1½ Jahre

Gebühren:
132 DM zzgl. Versandkostenanteil, 25% Rabatt bei Abnahme von 15 kompletten Kursen

Abschluß:
Je nach durchführender Institution, Testat oder Zertifikat

Besonderheiten/Anmerkungen:
Als Veranstalter des Fernstudiums fungiert nicht die Arbeitsstelle in Hannover, sondern dies übernehmen in der Regel landeskirchliche Einrichtungen, die die einzelnen Kurse in Abstimmung mit der Fernstudienstelle in Hannover organisieren

Quelle:
Ein ausgefüllter Fragebogen, die Broschüre "Fernstudium in der evangelischen Kirche" und Angaben der Ev. Arbeitsstelle Fernstudium der EKD, Hannover

● ● ● ● ●

Institution:
Landesarbeitsgemeinschaft Jugendarbeit an Berufsbildenden Schulen Nordrhein-Westfalen e.V.

Kontaktadresse:
Essener Str. 53, 4320 Hattingen 16, Tel.: 02324/41853, -54
Kontaktperson: Jochen Starke

Ausbildungsart:
Berufsbegleitende Weiterbildung für Berufsschullehrer/-innen (und -schüler/-innen) für freizeitpädagogische (Projekt-)Arbeit

Weitere Arbeitsfelder der Institution:
Außerunterrichtliche Jugendarbeit; schulische Kulturarbeit; Modellversuche

Hauptzielgruppen des Angebotes:
Lehrer/-innen und Schüler/-innen an berufsbildenden Schulen und Kollegschulen

Inhalte/Angebote:
Kulturarbeit; Projektarbeit; Sport; Schüler/-innenvertretung und Schüler/-innenzeitungen

Teilnahmevoraussetzungen:
Berufsschullehrer/-innen und Schüler/-innen an berufsbildenden Schulen und Kollegschulen

Ausbildungszeitraum:
Mehrere aufeinander aufbauende Wochenendveranstaltungen sowie Ferienveranstaltungen, in den Schulen Arbeitskreise, Projektgruppen etc.

Gebühren:
Je nach Materialaufwand und Dauer der Maßnahme zwischen 10 DM und 300 DM

Abschluß:
Überwiegend keine Abschlüsse, in Ausnahmen sind durch Zusammenarbeit mit Sportverbänden und anderen Fachverbänden Übungsleiterlizenzen möglich

Quelle:
Ein ausgefüllter Fragebogen

• • • • •

Institution:
KOFF – Koordinationstelle für die Fortbildung von Freizeitpädagogen

Kontaktadresse:
Zivildienstschule Karlsruhe, Schwarzwaldstr. 78a, 7500 Karlsruhe 1, Tel.: 0721/385382
Kontaktperson: Andreas Otten

Ausbildungsart:
Interne Fortbildungsseminare für freizeitpädagogisch Tätige an Zivildienstschulen

Weitere Arbeitsfelder der Institution:
Herausgabe von Übersichten über Fortbildungsmöglichkeiten für Freizeitpädagogen; Erstellung von Praxishilfen; Information und Beratung von Einzelpersonen und Einrichtungen im Freizeitbereich

Hauptzielgruppen des Angebotes:
Freizeitpädagogisch Tätige an Zivildienstschulen

Inhalte/Angebote:
Vgl. Ausbildungsart

Teilnahmevoraussetzungen:
Beschäftigung an einer Zivildienstschule

Ausbildungszeitraum:
10 Tage pro Jahr

Gebühren:
Keine

Abschluß:
Keiner

Quelle:
Ein teilweise ausgefüllter Fragebogen

• • • • •

Institution:
Deutsches Institut für Freizeitberatung und Animation e.V. (DIFA)

Kontaktadresse:
Rathausplatz 2, 6415 Petersburg/Fulda, Tel.: 0661/69763
Kontaktperson: Artur Zoll (Geschäftsführer)

Ausbildungsart:
Ausbildung bzw. Fortbildung zum/zur Freizeitberater/-in und fachspezifische Weiterbildungen

Weitere Arbeitsfelder der Institution:
Veranstaltung von Projekten; Beratung von Institutionen und Einrichtungen im Freizeitbereich; Entwicklung von Freizeit-Curricula; Schulungen für Betreiber von Hotels, Kliniken und Freizeiteinrichtungen

Hauptzielgruppen des Angebotes:
Personen mit einer abgeschlossenen Berufsausbildung in einem sozialen, pädagogischen, sportlichen, gesundheitsbezogenen, touristischen oder kaufmännischen Bereich

Inhalte/Angebote:
Die Fortbildung zum/zur Freizeitberater/-in in Vollzeitform soll Informationen, Aktivitäten und Handlungskompetenzen zu einer gesundheitsgerechten Lebens- und Freizeitgestaltung mit den Methoden der Freizeitpädagogik vermitteln

Teilnahmevoraussetzungen:
Mittlere Reife und abgeschlossene Berufsausbildung sowie Berufserfahrung von mindestens 1 Jahr

Ausbildungszeitraum:
12-monatige Fortbildung (Vollzeit) mit 1280 Stunden incl. Praktikumsphasen; mehrtägige Fachseminare

Gebühren:
7850 DM pro Jahr (Förderung nach AFG möglich)

Abschluß:
Freizeitberater/-in

Quelle:
Ein ausgefüllter Fragebogen und eine Broschüre über die Fortbildung zum/zur Freizeitberater/-in

● ● ● ● ●

Institution:
SFuBS e.V. - Sport-, Freizeit- und Bildungsgemeinschaft

Kontaktadresse:
Im Sande 5, 3016 Seelze 2, Tel.: 0511/404480
Kontaktpersonen: Heike Keil, Pele Pelzer-Palm

Ausbildungsart:
Fortbildungsseminare zu verschiedenen sportlichen, freizeitspezifischen und touristischen Themen

Weitere Arbeitsfelder der Institution:
Gestaltung von Ferienfreizeiten für Kinder und Jugendliche; ergänzende Jugendarbeit im Ort; Internationale Begegnungen; Studienreisen, Skifreizeiten u.ä.m.

Hauptzielgruppen des Angebotes:
Kinder, Jugendliche, Eltern mit Kindern, Betreuer/-innen

Inhalte/Angebote:
Fortbildungen für Betreuer/-innen von Freizeiten und Jugendarbeit; Fortbildungsseminare zu Themen wie Sanfter Tourismus, Pädagogik, Sport u.a.

Teilnahmevoraussetzungen:
Keine

Ausbildungszeitraum:
Unterschiedlich

Gebühren:
Keine näheren Angaben

Abschluß:
Keiner

Quelle:
Pressemitteilung "5 Jahre SFuBS e.V." vom 9.2.1989 und eine Broschüre des Vereins

2.2.2 Inhaltliche Gruppe "Tourismus/Reisen"

Institution:
Wirtschaftsakademie für Lehrer e.V.

Kontaktadresse:
Kurhausstr. 18, 3388 Bad Harzburg 1, Tel.: 05322/2000
Kontaktpersonen: Ulrich Geisler, Tilman Zschiesche

Ausbildungsart:
Ausbildung zum/zur Touristikassistenten/-in als Fernstudium mit zusätzlichen berufsbegleitend durchgeführten Blockveranstaltungen

Weitere Arbeitsfelder der Institution:
Weitere Fernstudiengänge: "Ökologieassistent/-in", "Marketingassistent/-in", "Personalassistent/-in", "Managementassistent/-in", "Ausländerpädagogik"

Hauptzielgruppen des Angebotes:
Mitarbeiter/-innen der Touristik; arbeitslose und von Arbeitslosigkeit bedrohte Akademiker/-innen (Lehrer/-innen)

Inhalte/Angebote:
Fernstudienlehrgang zum/zur Touristikassistenten/-in: Einführung in den nationalen und internationalen Tourismus, Psychologie und Soziologie des Reisens, betriebs- und volkswirtschaftliche Grundlagen u.a.

Teilnahmevoraussetzungen:
Abgeschlossenes Studium oder Hochschulreife und 2 Jahre Berufserfahrung im Bereich Tourismus

Ausbildungszeitraum:
14 Monate mit insgesamt 900 Unterrichtsstunden; Beginn jederzeit möglich

Gebühren:
3815 DM (Förderung nach AFG möglich)

Abschluß:
Erweiterte institutsinterne Zertifikatsprüfung

Besonderheiten/Anmerkungen:
Der Fernstudiengang ist aus einem Modellversuch des Bundesministeriums für Bildung und Wissenschaft entstanden

Quelle:
Ein ausgefüllter Fragebogen und ein Faltblatt mit Informationen zum Fernstudium "Touristikassistent/-in"

• • • • •

Institution:
Thomas-Morus-Akademie Bensberg

Kontaktadresse:
Postfach 100346, 5060 Bergisch Gladbach 1, Tel.: 02204/408472, Telefax: 02204/408697
Kontaktperson: Dr. Wolfgang Isenberg (Akademiedirektor)

Ausbildungsart:
Multiplikatoren-Weiterbildung zu verschiedenen Freizeit- und Tourismusthemen in Form von Studientagungen und ähnlichen Veranstaltungen

Weitere Arbeitsfelder der Institution:
Studienkonferenzen, Ferienakademien, offene Akademie-Tagungen und Studientagungen für andere Zielgruppen und Themenbereiche

Hauptzielgruppen des Angebotes:
Studenten/-innen im Tourismusbereich, Beschäftigte an Hochschulen, Journalisten/-innen etc.

Inhalte/Angebote:
Jährlich stattfindende "Lernbörse Reisen"; Studientagungen zu Themen wie: "Reisen mit der Schule", "Lernen auf Reisen" u.a.

Teilnahmevoraussetzungen:
Keine

Ausbildungszeitraum:
Fachtagungen und Ferienakademien zwischen 1 und 7 Tagen

Gebühren:
Unterschiedlich

Abschluß:
Keiner

Quelle:
Ein ausgefüllter Fragebogen und das Programm August–Dezember 1989

• • • • •

Institution:
Deutsches Seminar für Fremdenverkehr Berlin (DSF) e.V.

Kontaktadresse:
Europa Center, 1000 Berlin 30, Tel.: 030/2623606
Kontaktpersonen: Ulrich Schöpp, Harald Hensel, Sabine Aisch

Ausbildungsart:
Berufsbezogene Weiterbildung (Fachkurse) im Bereich Tourismus und Fremdenverkehr (überregional ausgeschrieben)

Weitere Arbeitsfelder der Institution:
Maßnahmen der beruflichen Weiterbildung für Fachkräfte aus allen Bereichen der deutschen Tourismuswirtschaft; Schriftenreihe für die Fremdenverkehrspraxis

Hauptzielgruppen des Angebotes:
Nachwuchs- und Fachkräfte aus Kur- und Fremdenverkehr, Hotel- und Gaststättengewerbe, Reisebüros und -veranstalter, Freizeitindustrie und Verkehrsträger

Inhalte/Angebote:
Rhetorik; Einsatz und Schulung von Gästeführern im Fremdenverkehr; Seminare für Nachwuchskräfte im Fremdenverkehr; Verkaufs- und Verhaltenstraining für Tourismus-Mitarbeiter; Fachkurse für Einzelkompetenzen (Marketing, Englisch für Touristiker, BWL, Werbung)

Teilnahmevoraussetzungen:
Berufserfahrung im Tourismus

Ausbildungszeitraum:
3-10 Tage

Gebühren:
Ca. 170 DM pro Maßnahme plus Unterkunft und Verpflegung

Abschluß:
Zertifikate; Ausbildereignungsprüfung vor der IHK

Besonderheiten/Anmerkungen:
Das DSF führt jährlich 23-25 Veranstaltungen durch

Quelle:
Ein ausgefüllter Fragebogen, die Aus- und Weiterbildungsübersicht des Verbandes Deutscher Kur- und Tourismusfachleute (VDKF), das Programm des DSF vom 1. Halbjahr 1989 und der "Seminarführer" des DSF

• • • • •

Institution:
Reisen und Freizeit mit jungen Leuten e.V. (RUF)

Kontaktadresse:
Alfred-Bozi-Str. 10, 4800 Bielefeld 1, Tel.: 0521/5200150, -51, -52
Kontaktperson: Thomas Korbus

Ausbildungsart:
Ausbildung zum/zur Jugendreiseleiter/-in; intern und extern angebotene Weiterbildung sowie allgemeine Fortbildung für den Bereich Jugendreiseleitung; Vermittlung von Zusatzqualifikationen

Weitere Arbeitsfelder der Institution:
Bildungsangebote für Busfahrer/-innen, Countermitarbeiter/-innen, Büropersonal, Jugendliche; Reiseveranstalter für "junge Leute"

Hauptzielgruppen des Angebotes:
Studenten/-innen mit pädagogischer, sprachlicher und/oder sportlicher Ausbildung

Inhalte/Angebote:
Neben der Ausbildung zum/zur Jugendreiseleiter/-in werden Multiplikatorenseminare, Modellseminare, Kreativseminare im Tourismusbereich und im sozialpädagogischen Bereich angeboten; außerdem bietet der Verein eine Komplettgestaltung von Urlaub mit jungen Leuten im Alter von 14-21 Jahren an

Teilnahmevoraussetzungen:
Teilnehmer/-innen von Aus- und Fortbildungsveranstaltungen müssen mindestens 21 Jahre alt sein

Ausbildungszeitraum:
Auf 2 Jahre verteilte Blockveranstaltungen

Gebühren:
100 DM pro Jahr

Abschluß:
Jugendreiseleiter/-in

Besonderheiten/Anmerkungen:
Geplant ist die Gründung und Etablierung eines eigenen Bildungswerkes (BTI - Bielefelder Touristik Institut), durch das der Ausbildungsbereich verselbständigt und ausgeweitet werden soll

Quelle:
Ein ausgefüllter Fragebogen

• • • • •

Institution:
Verband Deutscher Kur- und Tourismusfachleute e.V. (VDKF)

Kontaktadresse:
VDKF-Geschäftsstelle, Niebuhrstr. 16b, 5300 Bonn 1, Tel.: 0228/211199
Kontaktperson: Dirk Dunkelberg

Ausbildungsart:
Berufliche Weiterbildungen für den Bereich Tourismus und Fremdenverkehr sowie Fachtagungen auf Bundes- und Landesgruppenebene

Weitere Arbeitsfelder der Institution:
Berufliche Interessenvertretung; Beiträge zur Schaffung eines einheitlichen Berufsbildes; Grundlagenbildung für eine erfolgreiche Arbeit im Bereich Kur und Fremdenverkehr

Hauptzielgruppen des Angebotes:
Kur- und Tourismusfachleute

Inhalte/Angebote:
Verschiedene Fachtagungen und Seminare auf Bundes- und Landesebene zu aktuellen Fremdenverkehrsthemen

Teilnahmevoraussetzungen:
Beschäftigung im Kurbereich oder im Fremdenverkehr

Ausbildungszeitraum:
Ein- bis zweitägige Weiterbildungskurse

Gebühren:
Keine

Abschluß:
Keiner

Besonderheiten/Anmerkungen:
Eine Beschäftigung im Kur- oder Fremdenverkehrsbereich ist Teilnahmevoraussetzung, die Mitgliedschaft im Verband dagegen nicht; der VDKF gibt zudem eine Übersicht über Aus- und Weiterbildungsmöglichkeiten für den Tourismus im Bereich des öffentlich orientierten Fremdenverkehrs heraus sowie einen Leitfaden über die Ausbildung von Reiseverkehrskaufleuten in Fremdenverkehrsstellen und Kurverwaltungen

Quelle:
Ein ausgefüllter Fragebogen

• • • • •

Institution:
Reiseverkehrsakademie Düsseldorf (RVA), Fachschule für Wirtschaft

Kontaktadresse:
Postfach 180116, Karlstraße 104, 4000 Düsseldorf 13, Tel.: 0221/161879
Kontaktperson: Dr. K.R. Grob (Leiter)

Ausbildungsart:
Fachschulausbildung für den Bereich der Touristik und des Reiseverkehrs mit der Möglichkeit verschiedener Zusatzprüfungen

Weitere Arbeitsfelder der Institution:
Keine

Hauptzielgruppen des Angebotes:
Reisebürokaufmann/-frau und ähnliche Berufsgruppen

Inhalte/Angebote:
Fachschulstudium an der Reiseverkehrsakademie, staatlich genehmigte Fachschule für Wirtschaft in freier Trägerschaft

Teilnahmevoraussetzungen:
Hauptschul-, Realschul- oder Gymnasialabschluß plus Ausbildung als Reisebürokaufmann/-frau plus 2-3 Jahre Berufspraxis; alternativ dazu 6 Jahre kaufmännisch-touristische Berufspraxis

Ausbildungszeitraum:
Zweijähriges Fachschulstudium (Beginn jeweils am 1.10. eines Jahres)

Gebühren:
Das Fachschulstudium ist bei Förderung nach dem AFG frei von Gebühren; die Anmeldegebühr beträgt 100 DM, ferner besteht eine Kostenbeteiligung am Unterrichtsmaterial; Prüfungsgebühren für Zusatzangebote (z.B. Ausbilderprüfung) belaufen sich auf ca. 200 DM

Abschluß:
Staatlich geprüfter Betriebswirt Fachrichtung Reiseverkehr und Touristik; auf Wunsch sind bei ausreichender Teilnehmerzahl folgende weitere Prüfungen möglich:
- Ausbildereignungsprüfung IHK

- Fremdsprachenkorrespondentenprüfung IHK oder Informatik-Prüfung
- Fachhochschulreife
- Betriebswirt Tourismus (international)

Quelle:
Studieninformation der RVA

· · · · ·

Institution:
Touristikakademie Düsseldorf (TAD) der Gesellschaft für Fort- und Weiterbildung

Kontaktadresse:
Touristikakademie Düsseldorf, Postfach 180116, 4000 Düsseldorf 13, oder: Gesellschaft für Fort- und Weiterbildung, Börchemstr. 13, 4000 Düsseldorf 13, Tel.: 0221/365108
Kontaktperson: Jutta Füth (Geschäftsführung)

Ausbildungsart:
Ausbildungskurse "Basiswissen" für das Reisebüro, Fortbildungen zum/zur Touristikfachwirt/-in (IHK) und Weiterbildungslehrgänge

Weitere Arbeitsfelder der Institution:
START-System-Schulungen; Wirtschaftskurse für Umsiedler

Hauptzielgruppen des Angebotes:
Reiseverkehrskaufleute, Luftverkehrskaufleute und Hotelkaufleute sowie Tourismus-Praktiker aus allen touristischen Bereichen einschließlich dem Kur- und Badewesen

Inhalte/Angebote:
Berufsbegleitende Fortbildung zum/zur Touristikfachwirt/-in sowie touristische Fort- und Weiterbildungslehrgänge

Teilnahmevoraussetzungen:
Hauptschul-, Realschul- oder Gymnasialabschluß und eine abgeschlossene Ausbildung z.B. als Reisebürokaufmann/frau o.ä. plus Berufspraxis von 2-3 Jahren; alternativ dazu eine kaufmännisch-touristische Berufspraxis von 6 Jahren

Ausbildungszeitraum:
Die Fortbildung zum/zur Touristikfachwirt/-in dauert 2 Jahre berufsbegleitend (jedes 2. Wochenende) oder kann (ab 1991) als Kombination aus Fernkurs und Intensivunterricht über 2 Jahre verteilt werden; Weiterbildungskurse werden mit einem unterschiedlichen Ausbildungszeitraum angeboten (3-Tage-Block bis zu 6-Wochen-Teilzeitkurs)

Gebühren
3295 DM für die Fortbildung zum/zur Touristikfachwirt/-in; die Gebühren für einzelne Kurse und Seminare sind unterschiedlich

Abschluß:
Touristikfachwirt/-in (IHK) oder hausinternes Zertifikat (TAD)

Quelle:
Schulungsprogramm und "Informationen zur Fortbildung zum Touristikfachwirt"

• • • • •

Institution:
Reppel & Partner Beratungsgesellschaft m.b.H. – Institut für Fremdenverkehr- und Kurberatung

Kontaktadresse:
Leopoldstr. 54, 7505 Ettlingen, Tel.: 07243/78091-93
Kontaktperson: Birgit Stier

Ausbildungsart:
Berufsbezogene Weiterbildung im Auftrag von Kommunen, Verbänden u.a.

Weitere Arbeitsfelder der Institution:
Marketing-Konzeptionen, Marketing-Services und Personalberatung im Bereich Fremdenverkehr und Kur

Hauptzielgruppen des Angebotes:
Mitarbeiter/-innen im kommunalen Tourismusbereich, in Kurverwaltungen und Verkehrsämtern

Inhalte/Angebote:
Vermittlung von neuen Trends im Bereich Kur und Fremdenverkehr; Analyse der örtlichen Fremdenverkehrssituation u.v.m.

Teilnahmevoraussetzungen:
Freizeitfachkraft in einer Kommune, im Kurbereich, im Tourismus oder Fremdenverkehr

Ausbildungszeitraum:
Nach Vereinbarung

Gebühren:
Nach Vereinbarung

Abschluß:
Keiner

Quelle:
Ein ausgefüllter Fragebogen

• • • • •

Institution:
Bundesarbeitsgemeinschaft Evangelischer Jugendferiendienste e.V.

Kontaktadresse:
Stalburgstr. 38, 6000 Frankfurt a.M. 1, Tel.: 069/5975386
Kontaktperson: Jens-D. Kosmale

Ausbildungsart:
Grundkurse für Jugendreiseleiter/-innen; Grundkurse für Familienferien; länderkundliche Fortbildungen; Superlearning-Sprachkurse; Seminarangebote

Weitere Arbeitsfelder der Institution:
Politische Interessenvertretung, Beratung und Öffentlichkeitsarbeit

Hauptzielgruppen des Angebotes:
Seminarangebote richten sich insbesondere an hauptamtliche Leitungskräfte evangelischer Jugendreiseanbieter, die Intensivsprachkurse und länderkundlichen Fortbildungen sind vor allem für neben- und ehrenamtliche Leiter/-innen gedacht

Inhalte/Angebote:
Die Qualifizierung der pädagogisch orientierten Ferienangebote evangelischer Jugendreiseanbieter durch Seminarangebote gehört zum Kernbereich des BEJ-Auftrags; bei den Seminarangeboten für hauptamtliche Leitungskräfte stehen Trends und Entwicklungen im allgemeinen Tourismus in ihren Konsequenzen für Reisen evangelischer Träger im Vordergrund; Grundkurse für Jugendreiseleiter/-innen gehören zum Standardangebot (vgl. Jahresbericht 1989 der BEJ)

Teilnahmevoraussetzungen:
Erfahrungen im Umgang mit Jugendlichen und Fremdsprachenkenntnisse

Ausbildungszeitraum:
Unterschiedlich: Grundkurse für Jugendreiseleiter/-innen und Intensivsprachkurse dauern ca. 5 Tage

Gebühren:
Unterschiedlich: Sprachkurse im Ausland kosten rund 400 DM (inkl. Lernmaterial, Unterkunft, Halbpension), Grundkurse für Jugendreiseleiter/-innen kosten rund 80 DM

Abschluß:
Keiner

Quelle:
Ein ausgefüllter Fragebogen, Materialien der BEJ und der Jahresbericht 1988

• • • • •

Institution:
Robinson Club G.m.b.H.

Kontaktadresse:
Stresemann Allee 61, 6000 Frankfurt 70, Tel.: 069/63391-0
Kontaktperson: K.A. Schattmaier

Ausbildungsart:
a) Zusatzausbildung zum/zur Animateur/-in im Rahmen von dreiwöchigen Animationsseminaren
b) Praxissemester für Studenten/-innen der Berufsakademie Ravensburg

Weitere Arbeitsfelder der Institution:
Planung, Organisation und Durchführung von Ferienreisen in Robinson Clubs

Hauptzielgruppen des Angebotes:
a) Interessenten/-innen mit verschiedenen theoretischen und praktischen Fähigkeiten, die nach Beendigung des Seminars in einem Robinson Club arbeiten
b) Studenten/-innen der Berufsakademie Ravensburg (6 Ausbildungsplätze pro Jahr!)

Inhalte/Angebote:
a) Vorbereitungsseminar (einmal jährlich) für den Einsatz als Animateur/-in in einem Robinson Club
b) Praktische Ausbildung (d.h. Absolvierung der obligatorischen Praxissemester) für Studenten/-innen des Fachgebietes Betriebswirtschaft, Fachrichtung Fremdenverkehr/Hotel- und Gaststättengewerbe, mit der Berufsakademie Ravensburg.

Teilnahmevoraussetzungen:
a) Bereitschaft, in einem Robinson Club als Animateur/-in zu arbeiten und eine Ausbildung sowie Berufserfahrung im angestrebten Animations-"Fach" (z.B. Tennis, Kunsthandwerk, Tanz, Surfen/Segeln, Musik, Pädagogik),
b) Studium an der Berufsakademie Ravensburg, Fachrichtung Fremdenverkehr

Ausbildungszeitraum:
a) Die Vorbereitungskurse für Animateure/-innen dauern ca. 3 Wochen
b) Studenten/-innen der Berufsakademie Ravensburg werden im dualen System in ca. 3 Jahren ausgebildet, die praktische Ausbildung dauert jeweils von April bis September

Gebühren:
Sowohl die Seminarkosten als auch die Ausbildungskosten für Berufsakademiestudenten/-innen werden vom Robinson Club übernommen

Abschluß:
a) Kein Abschluß
b) Diplom-Betriebswirt/-in (BA) - mit praktischer Ausbildung im Robinson Club

Quelle:
Ein ausgefüllter Fragebogen und Informationsmaterial des Robinson Clubs (z.B. "Animationsprofile")

• • • • •

Institution:
Gemeindedienst der Nordelbischen Kirche (NeK), Abteilung Freizeit und Erholung

Kontaktadresse:
Ebertallee 7, 2000 Hamburg 52, Tel.: 040/894990
Kontaktperson: Rose Volz-Schmidt

Ausbildungsart:
Fort- bzw. Weiterbildung zum/zur Freizeithelfer/in bei der "Kirche am Urlaubsort" in Schleswig-Holstein

Weitere Arbeitsfelder der Institution:
Arbeit mit Urlaubern und Kurgästen

Hauptzielgruppen des Angebotes:
Studenten/-innen, die im Freizeitbereich ihr Praktikum machen wollen

Inhalte/Angebote:
Saisonbezogenes Angebot von Juni bis September

Teilnahmevoraussetzungen:
Praktikum im Freizeitbereich als Motivation zur Teilnahme

Ausbildungszeitraum:
6 Tage im Block (ca. 60 Stunden), in den Semesterferien angeboten

Gebühren:
Keine

Abschluß:
Freizeithelfer/-in bei der "Kirche am Urlaubsort" in Schleswig Holstein

Quelle:
Ein ausgefüllter Fragebogen

• • • • •

Institution:
Württembergische Verwaltungs- und Wirtschaftsakademie

Kontaktadresse:
Fachseminar Fremdenverkehr, Zweiganstalt Heilbronn, Rathaus, 7100 Heilbronn

Ausbildungsart:
Ausbildung im dualen System für Tätigkeiten im mittleren Management in Fremdenverkehrsbetrieben und Reiseunternehmen (mit mehrwöchiger Unterbrechung der Berufstätigkeit)

Weitere Arbeitsfelder der Institution:
Keine

Hauptzielgruppen des Angebotes:
Absolventen/-innen kaufmännischer Ausbildungen, die im Touristikbereich tätig sind

Inhalte/Angebote:
Themen aus der allgemeinen Betriebswirtschaft und der Touristik-Betriebswirtschaft werden in mehreren Studienblöcken von 2-3 Wochen behandelt, zwischen denen mehrwöchige Pausen vorgesehen sind; die Grundstufe der Ausbildung umaßt drei, die Hauptstufe vier Studienblöcke

Teilnahmevoraussetzungen:
Abgeschlossene Ausbildung in einem anerkannten kaufmännischen Ausbildungsberuf plus mindestens einjährige Tätigkeit im kaufmännischen Bereich eines Fremdenverkehrs- oder Reiseunternehmens; alternativ dazu gilt der Nachweis einer mindestens fünfjährigen einschlägigen kaufmännischen Tätigkeit

Ausbildungszeitraum:
Mehrere Studienblöcke auf ein Jahr verteilt

Gebühren:
Keine näheren Angaben

Abschluß:
Prüfung zum/zur Fremdenverkehrsfachwirt/-in

Quelle:
Übersicht des Verbandes Deutscher Kur- und Tourismus-Fachleute (VDKF) von 1984

• • • • •

Institution:
Landesjugendpfarramt der Evangelischen Kirche der Pfalz

Kontaktadresse:
Stiftsplatz 4, Postfach 2870, 6750 Kaiserslautern, Tel.: 0631/66091
Kontaktperson: Heinz Fuchs

Ausbildungsart:
Weiterbildung zum/zur Freizeitleiter/-in

Weitere Arbeitsfelder der Institution:
Jugendarbeit und Durchführung von Freizeiten

Hauptzielgruppen des Angebotes:
Ehrenamtliche Mitarbeiter/-innen der Evangelischen Kirche

Inhalte/Angebote:
Vorbereitung auf die Gestaltung von Freizeiten

Teilnahmevoraussetzungen:
Grundkurs Jugendarbeit oder eine pädagogische Qualifikation

Ausbildungszeitraum:
Mindestens 4 Aufbauseminare

Gebühren:
Die Kosten werden vom Landesjugendpfarramt getragen

Abschluß:
Keiner

Quelle:
Ein Kurzportrait

• • • • •

Institution:
Pirmasenser Fachkursus und Europäisches Seminar für Tourismus

Kontaktadresse:
Fremdenverkehrsverband Rheinland-Pfalz e.V., Löhrstr. 103-105,
5400 Koblenz, Tel.: 0261/31079
Kontaktperson: Adolf Meinung

Ausbildungsart:
Überregional angebotener Weiterbildungskurs für Tourismusfachkräfte

Weitere Arbeitsfelder der Institution:
Tourismusmarketing, Tourismusberatung und Weiterbildungsangebote im Bereich Fremdenverkehr und Hotellerie/Gastronomie

Hauptzielgruppen des Angebotes:
Praktiker/-innen im Fremdenverkehr

Inhalte/Angebote:
Erweiterung der Fachkenntnisse im generellen und speziellen Marketing und in der Tourismusökologie; Vermittlung praxisnahen Berufswissens aus allen Bereichen des Fremdenverkehrs

Teilnahmevoraussetzungen:
Praktiker/-in im Tourismus/Fremdenverkehr; Berufserfahrung von mindestens 2 Jahren

Ausbildungszeitraum:
6 Tage jährlich mit ca. 80 Stunden

Gebühren:
320 DM pro Maßnahme, Unterkunft und Verpflegung 300 DM pro Woche

Abschluß:
Keiner (Teilnahmebescheinigung)

Quelle:
Ein ausgefüllter Fragebogen und die Aus- und Weiterbildungsübersicht des Verbandes Deutscher Kur- und Tourismusfachleute e.V. - VDKF

● ● ● ● ●

Institution:
Katholisches Ferienwerk im Erzbistum Köln - Diözesenarbeitsgemeinschaft e.V. und Bon Tours - Katholische Reise GmbH

Kontaktadresse:
Katholisches Ferienwerk, Marienplatz 11, 5000 Köln 1
Bon Tours, Katholische Reise GmbH, Marienplatz 11, 5000 Köln 1
Tel.: 0221/235501, Fax: 0221/242209
Kontaktpersonen: Susanne Lang, Volker Lemken

Ausbildungsart:
Ausbildung zum/zur Freizeitleiter/-in und Fortbildungen für Freizeitleiter/-innen

Weitere Arbeitsfelder der Institution:
Freizeit- und Reiseangebote

Hauptzielgruppen des Angebotes:
(Junge) Erwachsene, Senioren

Inhalte/Angebote:
Neben der Aus- und Fortbildung zum/zur Freizeitleiter/-in werden Spieleseminare und Educationals angeboten

Teilnahmevoraussetzungen:
Multiplikator-Funktion erwünscht

Ausbildungszeitraum:
Mindestens 1 Woche pro Jahr; jährlich neue Weiterbildung

Gebühren:
Zwischen 15 DM und 100 DM pro Maßnahme inkl. Unterkunft und Verpflegung

Abschluß:
Freizeitleiter/-in für das Katholische Ferienwerk Köln und für Bon Tours, Katholische Reise GmbH

Besonderheiten/Anmerkungen:
Ziel der Aus- und Fortbildung ist eine Qualifizierung für die Tätigkeit im Hause (ehren- oder nebenamtlich)

Quelle:
Ein ausgefüllter Fragebogen

● ● ● ● ●

Institution:
transfer e.V.

Kontaktadresse:
Ostmerheimer Str. 397, 5000 Köln 91, Tel.: 0221/6999917
Kontaktperson: Dr. Werner Müller

Ausbildungsart:
"Modellseminare für Jugendreisen und internationale Begegnung" zur Fortbildung und fachlichen Qualifizierung von Multiplikatoren (in Zusammenarbeit mit dem Studienkreis für Tourismus e.V.)

Weitere Arbeitsfelder der Institution:
Herausgabe des jugendtouristischen Informationsdienstes; Beratung; Tagungen

Hauptzielgruppen des Angebotes:
Schulungsleiter/-innen und erfahrene Reiseleiter/-innen

Inhalte/Angebote:
8-10 Seminare/Tagungen jährlich zur fachlichen Qualifizierung von Schulungsleitern/-innen und erfahrenen Reiseleitern/-innen; inhaltlicher Schwerpunkt ist "anders reisen" im Bereich Jugendreisen und Jugendbegegnung

Teilnahmevoraussetzungen:
Multiplikator-Funktion (kein Ausschlußkriterium)

Ausbildungszeitraum:
Pro Seminar ca. 5 Tage

Gebühren:
Zwischen 70 DM und 160 DM incl. Unterkunft und Verpflegung

Abschluß:
Keiner

Besonderheiten/Anmerkungen:
Das Weiterbildungsangebot gilt sowohl für haupt- als auch für neben- und ehrenamtliche (Jugend-)Reiseleiter/-innen; die Finanzierung der Modellseminare ist bislang immer nur für 1 Jahr gesichert, die Perspektive ist aber, ein Dauerangebot zu schaffen

Quelle:
Ein ausgefüllter Fragebogen und die Broschüre "Modellseminare 1988"

• • • • •

Institution:
Gesellschaft für Dienstleistungs-Marketing und Kommunikation m.b.H.

Kontaktadresse:
Schwaighofen 4a, 8197 Königsdorf/Schönrain, Tel.: 08046/369
Kontaktperson: Dr. H. Boventer

Ausbildungsart:
Berufsbezogene Fort- und Weiterbildungsseminare für die Bereiche Fremdenverkehr und Hotel

Weitere Arbeitsfelder der Institution:
Gutachterliche Tätigkeit; Beratungsdienste; Weiterbildungsangebote für Banken, Spielbanken und die Kosmetikbranche

Hauptzielgruppen des Angebotes:
Hoteliers und Mitarbeiter/-innen im Fremdenverkehr

Inhalte/Angebote:
Workshops und Seminare zu Themen wie Hotel-Marketing u.ä.m.; außerdem Verhaltenstrainings für Mitarbeiter/-innen im Hotel- und Fremdenverkehr

Teilnahmevoraussetzungen:
Keine

Ausbildungszeitraum:
Dreitägige Blockseminare oder Workshops

Gebühren:
750 DM pro Maßnahme plus Unterkunft und Verpflegung

Abschluß:
Keiner

Quelle:
Ein ausgefüllter Fragebogen

• • • • •

Institution:
Wirtschaftsakademie Schleswig-Holstein

Kontaktadresse:
Abteilung Fachschule für Wirtschaft und Touristik, Hochofenstr. 21, 2400 Lübeck

Ausbildungsart:
Aus- und Weiterbildung zur beruflichen Qualifizierung auf dem Gebiet der Touristik

Weitere Arbeitsfelder der Institution:
Keine

Hauptzielgruppen des Angebotes:
Kaufleute aus dem Bereich Touristik

Inhalte/Angebote:
Betriebswirtschaftslehre, Rechnungswesen, Marketing, Datenverarbeitung u.ä.m. für Kur-, Hotel- und Gaststättenbetriebe, für Reiseveranstalter und Verkehrsbetriebe

Teilnahmevoraussetzungen:
Mittlerer Bildungsabschluß (Realschule) und eine abgeschlossene Ausbildung in der Wirtschaft oder Verwaltung sowie zwei Jahre Berufspraxis

Ausbildungszeitraum:
2 Jahre Vollzeitunterricht

Gebühren:
Keine

Abschluß:
Staatlich geprüfter/e Betriebswirt/-in – Fachrichtung Touristik – einschließlich der Fachhochschulreife

Besonderheiten/Anmerkungen:
Jährlich gibt es 25 Absolventen, die bislang zu etwa 70% eine Beschäftigung in der Touristikbranche fanden

Quelle:
Übersicht des Verbandes Deutscher Kur- und Tourismusfachleute (Stand 1984)

• • • • •

Institution:
Touristik- und Fremdsprachen-Institut

Kontaktadresse:
Dienerstr. 20, 8000 München 2, Tel.: 089/224444, -45
Kontaktperson: Dipl.-phil. Erhardt Schnell

Ausbildungsart:
Touristikfachkurs als Vollzeitausbildung zur Touristikfachkraft

Weitere Arbeitsfelder der Institution:
U.a. dreimonatige "Diplomkurse für Hotelrezeptionisten"

Hauptzielgruppen des Angebotes:
Berufseinsteiger (Schulabgänger) und Branchenfremde

Inhalte/Angebote:
Touristikfachkurs: Einführung in die Aufgaben der Reiseleitung; Arbeitsabläufe im Reisebüro und bei Reiseveranstaltern; Aufgaben der Stewardessen, Bodenhostessen, Schiffshostessen und Animateure; Wahlfächer (Sprachen, Maschinenschreiben, Stenographie)

Teilnahmevoraussetzungen:
Mittlere Reife

Ausbildungszeitraum:
Der Touristikfachkurs dauert 5 Monate und 2 Wochen bei 25 Wochenstunden Unterricht (ca. 600 Stunden) und beginnt jeweils Ende September und Anfang Januar

Gebühren:
3545 DM pro Halbjahreskurs

Abschluß:
Touristikfachkraft

Quelle:
Ein ausgefüllter Fragebogen und ein Prospekt

• • • • •

Institution:
Deutsches Touristik-Institut e.V.

Kontaktadresse:
Trappentreustr.1, 8000 München 2, Tel.: 089/501060
Kontaktperson: Isa Habich

Ausbildungsart:
Weiterbildung für Fachkräfte im Tourismusbereich

Weitere Arbeitsfelder der Institution:
Grundlagen- und Auftragsforschung im Tourismus; Betrieb eines touristischen Informationszentrums; Verlagsarbeit

Hauptzielgruppen des Angebotes:
Führungskräfte und Verkaufs- und Verwaltungsmitarbeiter/-innen in Reisebüros und bei Reiseveranstaltern

Inhalte/Angebote:
Offenes Seminarprogramm in Zusammenarbeit mit dem asr (Bundesverband mittelständischer Reiseunternehmen in Frankfurt) und Auftragsseminare für Reiseveranstalter/Reisebüros; Weiterbildung (und Forschung) vorwiegend mit betriebswirtschaftlicher Ausrichtung

Teilnahmevoraussetzungen:
Eine abgeschlossene Berufsausbildung im Tourismusbereich wird empfohlen

Ausbildungszeitraum:
1-2 Tage pro Seminar

Gebühren:
Variiert zwischen 120 DM und 520 DM inclusive Verpflegung zuzüglich Unterkunft

Abschluß:
Teilnahmebescheinigungen

Besonderheiten/Anmerkungen:
Die Angebote sollen künftig bundesweit ausgedehnt und noch stärker an Managementfragen orientiert werden

Quelle:
Ein ausgefüllter Fragebogen und das Seminarprogramm Herbst 1988

• • • • •

Institution:
ADAC e.V. (Allgemeiner Deutscher Automobil Club)

Kontaktadresse:
Am Westpark 8, 8000 München 70, Tel.: 089/7676-0, -6767
Kontaktperson: Werner Caesperlein

Ausbildungsart:
Berufsbezogene Weiterbildung für Freizeitfachkräfte im touristischen Bereich (Arbeiten mit dem ADAC-Tourenpaket, Vermittlung von Länderkenntnissen)

Weitere Arbeitsfelder der Institution:
Verkehr; Technik; Sport

Hauptzielgruppen des Angebotes:
Mitarbeiter/-innen der ADAC-Regionalclubs und Geschäftsstellen

Inhalte/Angebote:
Touristische Seminare; Schulungsreisen

Teilnahmevoraussetzungen:
Zugehörigkeit zum ADAC

Ausbildungszeitraum:
Schulungsreisen bis zu 14 Tagen, Seminare ca. 3 Tage

Gebühren:
Keine

Abschluß:
Keiner

Quelle:
Ein ausgefüllter Fragebogen

• • • • •

Institution:
Reisen und Bildung GmbH

Kontaktadresse:
Ignaz-Günther-Str. 18, 8000 München 81, Tel.: 089/912777
Kontaktperson: Dr. Marie-Louise Schmeer-Sturm

Ausbildungsart:
Reiseleiter-Ausbildung in Zusammenarbeit mit anderen Veranstaltern in Form von Einführungs- und Fortbildungsseminaren (Reiseleiter-Ausbildung für Studenten/-innen u.a.)

Weitere Arbeitsfelder der Institution:
Verlagsarbeit und für jedermann offene Studienreisen

Hauptzielgruppen des Angebotes:
Bildungsreisende und Studienreiseleiter/-innen sowie alle Aus- und Fortbildungsinteressenten

Inhalte/Angebote:
Reiseleiter-Einführungskurse; Seminare zu historischen Themen; Museumskurse

Teilnahmevoraussetzungen:
Keine

Ausbildungszeitraum:
5 Tage (24 Stunden)

Gebühren:
Ca. 500–600 DM

Abschluß:
Bestätigung des Unternehmens

Quelle:
Ein ausgefüllter Fragebogen

• • • • •

Institution:
Förderverein zur Schulung von Reiseleitern e.V. (FSR)

Kontaktadresse:
Wevelinghofergasse 38, Postfach 1222, 4400 Münster, Tel.: 0251/518611
Kontaktperson: Norbert Allnoch (Geschäftsführer)

Ausbildungsart:
Reiseleiterlehrgänge als einwöchige Grundlehrgänge; Aus- oder Fortbildung zum/zur Reiseleiter/-in mit verschiedenen Schwerpunktthemen

Weitere Arbeitsfelder der Institution:
Schulungen für Reiseveranstalter

Hauptzielgruppen des Angebotes:
Einsteiger und erfahrene Touristiker (Reiseleiter)

Inhalte/Angebote:
Rundreiseleiter-Grundlehrgänge, Studienreiseleiter-Grundlehrgänge, Animations-Intensivseminare u.ä.m.

Teilnahmevoraussetzungen:
Für Lehrgänge Rundreiseleitung: 23 Jahre, 1 Fremdsprache, Mittlere Reife; Für Lehrgänge Studienreiseleitung: 23 Jahre, 1 Fremdsprache, Abitur, Fachkenntnisse in einem Schwerpunktland

Ausbildungszeitraum:
8 Tage (pro Lehrgang); Seminare auch kürzer (1-3 Tage)

Gebühren:
450 DM (Lehrgänge Rundreiseleitung) bzw. 495 DM (Lehrgänge Studienreiseleitung) plus 320 DM für Unterkunft und Verpflegung (Stand 1989/90)

Abschluß:
FSR-Reiseleiter Zertifikat (Lehrgänge)

Besonderheiten/Anmerkungen:
Der Verein existiert seit 1985 und bietet seither regelmäßig "Reiseleiterseminare" an; seit 1988 sind die Reiseleiterlehrgänge als Arbeitnehmer-Weiterbildungsveranstaltungen anerkannt

Quelle:
Ein ausgefüllter Fragebogen und das Programm Herbst/Frühjahr 1989/90

• • • • •

Institution:
Katholisches Ferienwerk Oberhausen

Kontaktadresse:
Elsa-Brandström-Str.11, 4200 Oberhausen 1, Tel.: 0208/85996-0, -68
Kontaktperson: Joachim Vogt

Ausbildungsart:
Fortbildungsmaßnahmen zur Schulung ehrenamtlicher Reise- bzw. Gruppenreiseleiter/-innen

Weitere Arbeitsfelder der Institution:
Kinder- und Ferienfreizeiten; Sprachferienaufenthalte; Familienaufenthalte

Hauptzielgruppen des Angebotes:
Studenten/-innen, Lehramtskandidaten/-innen

Inhalte/Angebote:
Verschiedene einwöchige Grundkurse zu touristischen und sozialpädagogischen Themenbereichen zur Vorbereitung auf die Aufgabe eines/einer Reiseleiters/-in bzw. Gruppenleiters/-in beim Katholischen Ferienwerk Oberhausen

Teilnahmevoraussetzungen:
Bereitschaft zu christlichem Engagement und zu ehrenamtlicher Arbeit

Ausbildungszeitraum:
Einwöchiger Grundkurs und mehrere Wochenendveranstaltungen (ca. 50 Stunden)

Gebühren:
80 DM pauschal für Unterkunft und Verpflegung

Abschluß:
Interne Qualifikation

Quelle:
Ein ausgefüllter Fragebogen

Institution:
team – Gesellschaft für interkulturelle Beratung

Kontaktadresse:
c/o Anita Orlovius, Burghaus zu Sotterbach, 5226 Reichshof

Ausbildungsart:
Seminare plus Training; Referate plus Beratung

Weitere Arbeitsfelder der Institution:
Interkulturelle Kommunikation; Auslandsvorbereitung/Reintegrationsvorbereitung

Hauptzielgruppen des Angebotes:
Alle direkt und indirekt vom Tourismus Betroffenen (von Reisenden über im Tourismus Beschäftigte bis zu den Bereisten)

Inhalte/Angebote:
Motivation des (Fern-)Reisens; Konsequenzen des Tourismus; das Erleben der Fremde

Teilnahmevoraussetzungen:
Interesse

Ausbildungszeitraum:
Entsprechend der Ausbildungsart: ½–3 Tage

Gebühren:
800 DM pro Tag plus Reisekosten

Abschluß:
Keiner

Besonderheiten/Anmerkungen:
Inhalte als seperate Module in allen betriebs- und volkswirtschaftlichen Ausbildungsgängen einsetzbar

Quelle:
Kurzdarstellung des team

2.2.3 Inhaltliche Gruppe "Sport/Gesundheit mit Freizeitorientierung"

Institution:
Willi Weyer Akademie –
Führungs- und Verwaltungs-Akademie Berlin des Deutschen Sportbundes

Kontaktadresse:
Priesterweg 6, Postfach 620240, 1000 Berlin 62, Tel.: 030/788003-0
Kontaktperson: Dr. Wulf Preising (Direktor)

Ausbildungsart:
Eigenständige Lizenzausbildung des DSB für Ehrenamtliche, Multiplikatoren-Weiterbildungen und Fortbildungen für den Freizeit-, Breiten- und Spitzen-Sportbereich

Weitere Arbeitsfelder der Institution:
Sportpolitik; Sportverbandsarbeit; außerdem Bildungsangebote für Leistungssport und Sportverwaltung

Hauptzielgruppen des Angebotes:
Ehrenamtliche und hauptamtliche Funktionäre/Mitarbeiter/-innen der Sportvereine/-verbände

Inhalte/Angebote:
Lizenzerwerb des DSB im Sport-Management; Fortbildungen; Schwerpunktschulungen ohne Lizenzerwerb; Einführungsseminare in neuere Entwicklungstendenzen; vermittelt werden Kompetenzen des Verwaltens und Organisierens von Sportbetrieben (Management, Recht, Steuern, Marketing)

Teilnahmevoraussetzungen:
Zugehörigkeit zu einem Sportverband

Ausbildungszeitraum:
4-5 Tage bzw. 120 Stunden im Lizenzbereich

Gebühren:
220 DM inkl. Unterkunft und Verpflegung

Abschluß:
Organisationsleiter/-in S- und A-Lizenz des DSB

Besonderheiten/Anmerkungen:
Pro Kurs können maximal 25 Personen teilnehmen; geplant ist künftig auch die Ausbildung von hauptamtlichen Mitarbeitern/-innen

Quelle:
Ein ausgefüllter Fragebogen

• • • • •

Institution:
Bildungswerk des Landessportbundes NRW - Außenstelle Stadtsportbund Bielefeld

Kontaktadresse:
Kavalleriestraße 13, 4800 Bielefeld 1, Tel.: 0521/61188, -89
Kontaktpersonen: Ulrich Zimmer, Jost Rickert

Ausbildungsart:
Weiterbildungsangebote für Sportlehrer/-innen und Übungsleiter/-innen

Weitere Arbeitsfelder der Institution:
Sportbezogene Bildungsangebote für Übungsleiter und jedermann

Hauptzielgruppen des Angebotes:
Sportlehrer/-innen, Übungsleiter/-innen und andere Berufsgruppen, die mit Sport direkt oder indirekt zu tun haben

Inhalte/Angebote:
Weiterbildungsmaßnahmen; Bildungsurlaube; Seminare zu unterschiedlichen Themenbereichen im Sport

Teilnahmevoraussetzungen:
Keine

Ausbildungszeitraum:
Wochenendveranstaltungen (ca. 10 Std.)

Gebühren:
2 DM pro Stunde

Abschluß:
Nur sportinterne Qualifikationen

Quelle
Ein ausgefüllter Fragebogen

• • • • •

Institution:
Kollegschule Kikweg

Kontaktadresse:
Schloßallee 14, 4000 Düsseldorf 1, Tel.: 0221/2102-1, Sekretariat: 0221/2102-310
Kontaktpersonen: Herr Arnold, Herr Kuretzky

Ausbildungsart:
Vollzeitausbildung zum/zur Freizeitsportleiter/-in mit Abitur oder Fachhochschulreife im Schwerpunkt Erziehung und Soziales der Kollegschule (Doppelqualifikation)

Weitere Arbeitsfelder der Institution:
Keine

Hauptzielgruppen des Angebotes:
Schüler/-innen der Jahrgangsstufe 10

Inhalte/Angebote:
Erwerb einer Doppelqualifikation insbesondere für Schüler/-innen der Jahrgangsstufe 10 (Allgemeine Hochschulreife/Fachhochschulreife und Freizeitsportleiter/-innen)

Teilnahmevoraussetzungen:
Mittlere Reife mit Qualifikation für den Abiturausbildungsgang, ohne Qualifikation für den FHR-Bildungsgang

Ausbildungszeitraum:
3 Jahre (34 Stunden pro Woche)

Gebühren:
Keine

Abschluß:
Staatl. gepr. Freizeitsportleiter/-in mit allgemeiner Hochschulreife oder mit Fachhochschulreife (Doppelqualifikation)

Besonderheiten/Anmerkungen:
Die Ausbildung erfolgt in Abstimmung mit dem Landessportbund (Übungsleiteranerkennung); die jährliche Teilnahmekapazität liegt bei 50 Schülern

Quelle:
Ein ausgefüllter Fragebogen

• • • • •

Institution:
BUNDESFACHVERBAND ÖFFENTLICHE BÄDER E.V.

Kontaktadresse:
Alfredistr. 32, 4300 Essen 1, Tel.: 0201/233030, Telefax: 0201/221310
Kontaktperson: Herr Hoffmann

Ausbildungsart:
Berufsbezogene Weiterbildung für Beschäftigte in öffentlichen Bädern sowie für Interessenten aus dem sportfachlichen und Gesundheitsbereich

Weitere Arbeitsfelder der Institution:
Betrieb einer Bäderbau- und Betriebsberatungsstelle; Erarbeitung von Merkblättern, Erhebungen und Statistiken; Durchführung von Kongressen; Herausgabe einer Fachzeitschrift; außerdem Fortbildungsmaßnahmen zum Bau und Betrieb öffentlicher Bäder

Hauptzielgruppen des Angebotes:
Beschäftigte in öffentlichen Bädern, die in direktem Kontakt zu Badegästen stehen

Inhalte/Angebote:
Seminare über Animation in Bädern; Vermittlung von Grundkenntnissen über die Arbeit mit Badegästen; Wassergymnastik; gesundheitsorientiertes Schwimmen; kreatives Spielen für Kinder im Wasser; Organisation und Durchführung von Animation

Teilnahmevoraussetzungen:
Keine

Ausbildungszeitraum:
4 Tage (21 Stunden)

Gebühren:
450 DM pro Maßnahme (plus Unterkunft und Verpflegung)

Abschluß:
Keiner

Besonderheiten/Anmerkungen:
Die maximale Teilnehmerzahl pro Jahr liegt bei 35

Quelle:
Ein ausgefüllter Fragebogen

● ● ● ● ●

Institution:
Landesverband Hessen im Bundesverband Deutscher Schwimmeister e.V.

Kontaktadresse:
c/o Gartenstr. 30, 6460 Gelnhausen 3, Tel.: 06051/17107
Kontaktperson: Hartmut Biester

Ausbildungsart:
Berufsbezogene Weiterbildung zum/zur Freizeitanimateur/-in im Bad (in Zusammenarbeit mit der Fachhochschule Fulda)

Weitere Arbeitsfelder der Institution:
Verbandsarbeit für Schwimmeister

Hauptzielgruppen des Angebotes:
Schwimmeister/-innen und Schwimmeistergehilfen/-innen

Inhalte/Angebote:
In einer zweimal einwöchigen Direktvermittlung und einer Selbststudienphase werden Schwimmeister/-innen und Gehilfen/-innen in die Technik und die Inhalte der Freizeitanimation in Bädern eingeführt

Teilnahmevoraussetzungen:
Hauptschulabschluß und abgeschlossene Berufsausbildung als Schwimmmeister/-in oder Schwimmeistergehilfe/-in

Ausbildungszeitraum:
Ca. 240 Stunden im Rahmen von zweimal einer Woche Direktvermittlung plus zwischenzeitlicher Selbststudienphase

Gebühren:
Unterschiedlich

Abschluß:
Zeugnis zur Befähigung zum/zur Freizeitanimateur/-in im Bad

Quelle:
Ein ausgefüllter Fragebogen

• • • • •

Institution:
Hamburger Sportbund e.V.

Kontaktadresse:
Schäferkampsallee 1, 2000 Hamburg 6

Ausbildungsart:
Ausbildung für Übungs- und Fachübungsleiter/-innen u.a. im Freizeitsport und Breitensport

Weitere Arbeitsfelder der Institution:
Sportbundübliche Aktivitäten

Hauptzielgruppen des Angebotes:
Vereins- und Verbandsmitglieder

Inhalte/Angebote:
Lizenzerwerb

Teilnahmevoraussetzungen:
Verbandszugehörigkeit

Ausbildungszeitraum:
15 bzw. 120 Stunden

Gebühren:
30 DM bzw. 75 DM

Abschluß:
Lizenz (Übungs- und Fachübungsleiter/-in)

Besonderheiten/Anmerkungen:
Die ausgebildeten Übungsleiter/-innen sind in der Regel ehren- oder nebenamtlich in Vereinen tätig, selten hauptamtlich

Quelle:
Ein ausgefüllter Fragebogen

• • • • •

Institution:
Deutscher Verband für Gesundheitssport und Sporttherapie e.V. (DVGS)

Kontaktadresse:
Wiener Weg 1a, 5000 Köln 40 (Junkersdorf), Tel.: 0221/483027
Kontaktperson: Herr Beckers

Ausbildungsart:
Lehrgänge zur Zusatzqualifikation "Sporttherapie" und "Gesundheitssport"; Vollzeitfortbildung nach § 34 AFG zum Sporttherapeuten

Weitere Arbeitsfelder der Institution:
Lehrgänge, Seminare usw. zu Gesundheitssport und Sporttherapie; Verbandsarbeit und Entwicklung eines eigenständigen, staatlich anerkannten Berufsbildes

Hauptzielgruppen des Angebotes:
Sportlehrer/-innen und Sportstudenten/-innen

Teilnahmevoraussetzungen:
Zugelassen werden Absolventen/-innen von sportwissenschaftlichen Hochschulstudiengängen, auf Antrag und Nachweis auch Sporttherapeuten/-innen mit langjähriger Praxis sowie Gymnastiklehrer/-innen mit dem Schwerpunkt pflegerische Gymnastik

Ausbildungszeitraum:
Drei Ausbildungsblöcke plus Praktikum, wobei der DVGS für die Blöcke II und III verantwortlich zeichnet; Block II = 350 UE + 105 UE (entspricht 23 SWS), Block III = 220 UE (entspricht 20 SWS), Block IV = Praktikum: ½ Jahr für "Sporttherapie" und ¼ Jahr für "Gesundheitssport"

Gebühren:
Variieren

Abschluß:
Zusatzbezeichnung "Prävention/Fitness" des DVGS; Zusatzbezeichnung "Sporttherapie" des DVGS

Quelle:
Ein ausgefüllter Fragebogen, ein Informationsfaltblatt und das Konzept für das Lehrgangswesen

• • • • •

Institution:
Langen Institut gemeinnützige GmbH, Schule für Tanztherapie

Kontaktadresse:
Hofstr. 16, Marienburg, 4019 Monheim, Tel.: 02173/30876

Ausbildungsart:
Vollzeitausbildung sowie berufsbegleitende Weiterbildung im Bausteinsystem zum/zur Dance-Alive-Specialisten/-in; außerdem freie Angebote in Wochenendseminaren

Weitere Arbeitsfelder der Institution:
Durchführung von Tanztherapiemaßnahmen im Rahmen von Prävention und Rehabilitation in Zusammenarbeit mit Einrichtungen

Hauptzielgruppen des Angebotes:
Mitarbeiter/-innen aus den Berufsbereichen Pädagogik, Sport, Medizin, Bewegung oder in einem sozialen Fach

Inhalte/Angebote:
Prozeßorientiertes Lernangebot der Dance-Alive-Praxis und -Theorie mit Bewegungslehre und -analyse, Tanztechnik, Methodik, Didaktik, Gesprächsführung, Psychodrama, Rollenspiel und Supervision

Teilnahmevoraussetzungen:
Abgeschlossene Berufsausbildung (s.o. Berufsfelder), Besuch eines Kennenlernseminars mit Interview, nach dem über die Eignung des Bewerbers entschieden wird

Ausbildungszeitraum:
Zur Zeit 6 Monate für die Vollzeitausbildung oder 18 Monate an Wochenenden (ca. 560 Stunden); eine Änderung der Zeitdauer wird momentan diskutiert

Gebühren:
3370 DM für die Vollzeitmaßnahme, 4730 DM für die aus Bausteinen bestehende Wochenendausbildung (Stand Jan. 1990)

Abschluß:
"Dance-Alive-Specialist"-Zertifikat reg. BVT (Bundesverband für Tanztherapie Deutschland e.V.)

Besonderheiten/Anmerkungen:
Das Langen Institut, Schule für Tanztherapie, ist als Ergänzungsschule staatlich genehmigt, und für die Ausbildung besteht BaföG-Anerkennung

Quelle:
Ein ausgefüllter Fragebogen

• • • • •

Institution:
Deutscher Skilehrerverband

Kontaktadresse:
Briennerstr. 50, 8000 München, Tel.: 089/529225,

Ausbildungsart:
Berufliche Weiterbildung zum/zur staatlich geprüften Skilehrer/-in

Weitere Arbeitsfelder der Institution:
Keine

Hauptzielgruppen des Angebotes:
Studenten/-innen und Personen, die eine Skilehrerqualifikation als eine sinnvolle Ergänzung zu ihrem Erstberuf ansehen

Inhalte/Angebote:
Ausbildungslehrgänge zum/zur Skilehrer/-in

Teilnahmevoraussetzungen:
Vollendung des 18. Lebensjahres; 30 Stunden Hilfsskilehrerpraktikum an einer Skischule; ausreichende Kenntnis der deutschen Sprache

Ausbildungszeitraum:
Ca. 400 Stunden auf 3 Jahre verteilt

Gebühren:
2000 DM plus Unterkunft und Verpflegung (1000 DM) für die gesamte Ausbildung

Abschluß:
Staatlich geprüfter/e Skilehrer/-in

Quelle:
Ein ausgefüllter Fragebogen

2.2.4 Inhaltliche Gruppe "Kunst/Kultur mit Freizeitorientierung"

Institution:
IGMF - Internationale Gesellschaft für musikpädagogische Fortbildung e.V.

Kontaktadresse:
Postfach 1443, 5920 Bad Berleburg, Tel.: 02759/79211
Kontaktperson: Elisabeth Link (Geschäftsführerin)

Ausbildungsart:
Musikpädagogische Fortbildungen für Musikfachkräfte und Eltern mit ihren Kindern

Weitere Arbeitsfelder der Institution:
Keine

Hauptzielgruppen des Angebotes:
Musiklehrer/-innen an allgemeinbildenden Schulen; Lehrer/-innen an Musikschulen; Leiter/-innen von Spielkreisen und Chören; Leiter/-innen von Folklore-Ensembles und Tanzgruppen; Studenten/-innen an Musikhochschulen und Fachschulen für Sozialpädagogik; Eltern mit Kindern; Pfleger/-innen und Helfer/-innen in sozialen Einrichtungen; Musiktherapeuten/-innen

Inhalte/Angebote:
Zielgruppenspezifische Lehrgänge, z.B. Fortbildungsangebote in den Bereichen Musik- und Sonderpädagogik; Musiktherapie und Rhythmik, Schlagzeug u.v.a.m.

Teilnahmevoraussetzungen:
Keine

Ausbildungszeitraum:
Unterschiedlich, häufig Wochen- und Wochenendlehrgänge

Gebühren:
Unterschiedlich, etwa 50-60 DM pro Tag plus Unterkunft und Verpflegung

Abschluß:
Teilnahmebestätigung

Besonderheiten/Anmerkungen:
Die Tagungsstätten der IGMF befinden sich in Hammelburg (Bayrische Musikakademie), Marktoberdorf (Bayrische Musikakademie), Trossingen (Bundesakademie für musikalische Jugendbildung), Fredeburg (Deutsche Landjugend-Akademie), Bonn-Röttgen (Deutsche Landjugend-Akademie), Leitershofen (Exerzitienhaus St. Paulus), Heek (Landesmusikakademie NRW), Lichtenberg/Oberfranken (Haus Marteau) und Wien 7 (Musikgymnasium)

Quelle:
Jahresprogramm der IGMF 1989 und die Broschüre "25 Jahre Lehrgänge für Orff- und Percussionsinstrumente"

● ● ● ● ●

Institution:
Internationales Jugend-Kulturzentrum Bayreuth

Kontaktadresse:
Äussere Badstr. 7a, 8580 Bayreuth, Tel.: 0921/9505
Kontaktperson: Frau Davidsen (Sekretariat)

Ausbildungsart:
Weiterbildung für Multiplikatoren im Freizeitbereich

Weitere Arbeitsfelder der Institution:
Produktionswerkstätten junger Künstler/-innen und Jugendlicher in den Bereichen Musik, Theater und Bildende Kunst

Hauptzielgruppen des Angebotes:
Junge Künstler/-innen, Jugendliche, Multiplikatoren

Inhalte/Angebote:
Es sollen Produktionserfahrungen im künstlerischen Bereich vermittelt werden

Teilnahmevoraussetzungen:
Multiplikator-Funktion

Ausbildungszeitraum:
Noch nicht bekannt, da die Angebote für "Multiplikatoren" im Freizeitbereich erst 1989 anlaufen

Gebühren:
Keine näheren Angaben

Abschluß:
Keiner

Quelle:
Ein ausgefüllter Fragebogen

• • • • •

Institution:
Forum für Kreativität und Kommunikation

Kontaktadresse:
August-Bebel-Str. 173, 4800 Bielefeld 1
Kontaktperson: Martin Neumann, Tel.: 0521/133163

Ausbildungsart:
Berufsbegleitende Fortbildung Tanz- und Theaterpädagogik für Fachkräfte in der Sozial-, Bildungs-, und Kulturarbeit

Weitere Arbeitsfelder der Institution:
Schauspielunterricht; Tanzunterricht; Theater- und Kunstprojekte auch mit Senioren und Behinderten

Hauptzielgruppen des Angebotes:
Mitarbeiter/-innen aus pflegerischen, heilpädagogischen und therapeutischen Praxisfeldern, aus der Jugend- und Erwachsenenbildung sowie aus der Freizeitpädagogik und Kulturarbeit

Inhalte/Angebote:
Angeboten werden eine Fortbildung für Spiel-, Theater- und Tanzpädagogik, eine Fortbildung "Körpersprache-Körperausdruck" sowie unterschiedliche Einzelprojekte und Workshops; Ziel ist die Vermittlung kreativer Techniken aus den Bereichen Theater und Tanz, die Entwicklung von Körperbewußtsein und die Erweiterung individueller Ausdrucksfähigkeit

Teilnahmevoraussetzungen:
Unterschiedlich – für die Fortbildung Tanz- und Theaterpädagogik keine Teilnahmevoraussetzungen

Ausbildungszeitraum:
2 Jahre (18 Stunden pro Wochenende)

Gebühren:
100 DM pro Wochenende, 120 DM für Unterkunft und Verpflegung pro Wochenende; 3300 DM komplett incl. Kursgebühr, Unterkunft und Verpflegung für die Fortbildung Tanz- und Theaterpädagogik

Abschluß:
Abschlußzertifikat über die Fortbildung Tanz- und Theaterpädagogik

Besonderheiten/Anmerkungen:
Das Forum arbeitet mit der Fachhochschule Bielefeld (Fachbereich Sozialwesen) zusammen

Quelle:
Ein ausgefüllter Fragebogen

• • • • •

Institution:
Institut für Kulturelle Bildung e.V. (ikb)

Kontaktadresse:
Detmolder Str. 64 a, 4800 Bielefeld 1, Tel.: 0521/64856
Kontaktpersonen: Ulrike Bökemeier, Roland Döbber

Ausbildungsart:
Fort- und Weiterbildungsangebote in Bereichen der Kulturellen Bildung: Gestaltung, Musik, Theater, Tanz

Weitere Arbeitsfelder der Institution:
Keine

Hauptzielgruppen des Angebotes:
Allgemein Interessierte und Mitarbeiter in pädagogischen Arbeitsfeldern

Inhalte/Angebote:
Die Ausbildung "Theater" zeigt methodische Grundlagen für den Einsatz des Mediums Theater in pädagogischen Handlungsfeldern; in den Bereichen Musik, Tanz, Gestaltung werden Kurse, Workshops und Wochenendseminare zu verschiedenen Themen angeboten

Teilnahmevoraussetzungen:
Keine bzw. dem Angebot gemäße Vorkenntnisse

Ausbildungszeitraum:
Unterschiedlich (Wochenendseminare, Intensivseminare, mehrtägige Workshops und Kurseinheiten zwischen 10 und 20 Wochen)

Gebühren:
Variieren

Abschluß:
Teilnahmebescheinigung

Quelle:
Broschüren 1'89 und 2'89 des ikb

• • • • •

Institution:
Rhinozerus-Spielwerkstatt – Mobiles Kursangebot

Kontaktadresse:
Viehofer Platz 1, 4300 Essen, Tel.: 0201/234186, oder 787385
Kontaktperson: Wolfgang Bort

Ausbildungsart:
Berufsbezogene und allgemeine Weiterbildung; projektbezogene Aktionen mit Weiterbildungsanteil für alle hauptamtlichen Pädagogen/-innen und Mitarbeiter/-innen im Freizeitbereich

Weitere Arbeitsfelder der Institution:
Verlag; Versand; Fachbuch- und Spielwarenhandel

Hauptzielgruppen des Angebotes:
Mitarbeiter/-innen aus pädagogischen Arbeitsbereichen

Inhalte/Angebote:
Mobiles Kursangebot: u.a. Freizeitleiterschulungen, pädagogische und sozialpädagogische Weiterbildungsmaßnahmen, bei denen spiel- und theaterpädagogische Kompetenzen erweitert werden

Teilnahmevoraussetzungen:
Unterschiedlich (wird durch den jeweiligen Träger der Maßnahme vorgegeben)

Ausbildungszeitraum:
Unterschiedlich: 3 Stunden bis 5 Tage

Gebühren:
Für die Teilnehmer keine

Abschluß:
Keiner

Quelle:
Ein ausgefüllter Fragebogen und eine Informationsbroschüre

● ● ● ● ●

Institution:
Die Spiel & Theater Werkstatt Frankfurt

Kontaktadresse:
c/o Beratungsstelle für Gestaltung, Eschersheimer Landstraße 565, 6000 Frankfurt a.M. 50, Tel.: 069/5302248
Kontaktperson: Fritz Rohrer

Ausbildungsart:
Ausbildung zum/zur Spiel- und Theaterpädagogen/-in als berufsbegleitende Weiterbildung für Mitarbeiter/-innen in (sozial-)pädagogischen Arbeitsfeldern; außerdem allgemeine und berufliche Weiterbildungsangebote

Weitere Arbeitsfelder der Institution:
Workshops im Bereich Spiel, Theater, Tanz, Bewegung sowie Bildungsangebote für diverse sozialpädagogische Arbeitsfelder

Hauptzielgruppen des Angebotes:
Mitarbeiter/-innen in sozialpädagogischen Berufen

Inhalte/Angebote:
Ausbildung zum/zur Spiel- und Theaterpädagogen/-in in Zusammenarbeit mit der Arbeitsgemeinschaft Spiel in der evang. Jugend; außerdem: Workshops in Spiel und Theater, Tanz und Akrobatik; Referentenvermittlung für die berufliche Weiterbildung u.a.m.

Teilnahmevoraussetzungen:
Pädagogische Tätigkeit bzw. Multiplikator-Funktion in einem sozialpädagogischen Praxisfeld

Ausbildungszeitraum:
Die Ausbildung erstreckt sich über 2-3 Jahre

Gebühren:
120-400 DM pro Maßnahme

Abschluß:
Spiel- und Theaterpädagoge/-in

Quelle:
Ein ausgefüllter Fragebogen und Broschüre 10 Jahre "Die Spiel- und Theaterwerkstatt", Frankfurt 1989

● ● ● ● ● ●

Institution:
Der Johanneshof e.V. - Bildungs- und Begegnungstätte aus freier Initiative

Kontaktadresse:
Holmark 5, 2391 Freienwill, Tel.: 04602/270
Kontaktperson: Dr. Ekkehard Krüger

Ausbildungsart:
Allgemeine und berufliche Weiterbildung für Erwachsene und für Multiplikatoren im kreativen und kulturellen Bereich

Weitere Arbeitsfelder der Institution:
Mitarbeit in einem Netzwerk eigenständiger und selbstverwalteter Tagungshäuser

Hauptzielgruppen des Angebotes:
Erwachsene, die als Teilnehmer ein Interesse an der Mitarbeit entwickeln

Inhalte/Angebote:
Abendkurse, Seminare, Vormittagskurse (mit Kinderbetreuung) zu kreativen, handwerklichen, pädagogischen, naturkundlichen Themenbereichen u.v.a.m.

Teilnahmevoraussetzungen:
Keine

Ausbildungszeitraum:
Unterschiedlich

Gebühren:
Variieren; Mitglieder erhalten Ermäßigung

Abschluß:
Keiner

Quelle:
Veranstaltungsprogramm Januar-August 1989

● ● ● ● ●

Institution:
Verein zur Förderung des literarischen Straßentheaters und des Kinder- und Jugendtheaters e.V.

Kontaktadresse:
Hannoversche Str. 134, 3008 Garbsen 1,

Ausbildungsart:
Berufsbezogene und allgemeine Weiterbildung im Bereich der kulturellen Arbeit

Weitere Arbeitsfelder der Institution:
Förderung von Theater und Schauspiel

Hauptzielgruppen des Angebotes:
Interessenten an kultureller Qualifizierung

Inhalte/Angebote:
Berufsbegleitende Kurse, Seminare und Workshops

Teilnahmevoraussetzungen:
Abgeschlossene Berufsausbildung

Ausbildungszeitraum:
1-5 Tage

Gebühren:
Unterschiedlich

Abschluß:
Keiner

Quelle:
Ein ausgefüllter Fragebogen

● ● ● ● ●

Institution:
Burckhardthaus e.V. - Evangelisches Fortbildungsinstitut

Kontaktadresse:
Herzbachweg 2, 6460 Gelnhausen, Tel.: 06051/890-0, -239
Kontaktperson: Peter Musall (Dozent)

Ausbildungsart:
Allgemeine und Multiplikatoren-Weiterbildung im Bereich Spiel-, Theater- und Kulturpädagogik

Weitere Arbeitsfelder der Institution:
Bildungsangebote für Supervision, Beratung, Psychodrama und Gemeinwesenarbeit

Hauptzielgruppen des Angebotes:
Sozialpädagogen/-innen, Sozialarbeiter/-innen und Pfarrer/Pastorinnen

Inhalte/Angebote:
Grundlagen-, Aufbau- und Spezialisierungsprogramme zur Befähigung für kulturpädagogische Arbeiten in unterschiedlichen Feldern gemeindlicher Arbeit, speziell der außerschulischen Kinder- und Jugendarbeit

Teilnahmevoraussetzungen:
Fachhochschulreife und/oder eine abgeschlossene Berufsausbildung und/oder Berufserfahrung von mindestens 3 Jahren und/oder Multiplikator-Funktion

Ausbildungszeitraum:
In der Regel 6 Kurswochen (300 Stunden) plus Regionalgruppenarbeit

Gebühren:
2500 DM

Abschluß:
Für die Zusatzausbildung zum/zur Spiel- und Theaterpädagogen/-in gibt es ein Zertifikat nach den Richtlinien der Arbeitsgemeinschaft Spiel der AEJ

Quelle:
Ein ausgefüllter Fragebogen

• • • • •

Institution:
Arbeitsgemeinschaft Spiel (AGS) in der Arbeitsgemeinschaft Evangelische Jugend (AEJ)

Kontaktadresse:
c/o Georg Pape, Herzbachweg 2, 6460 Gelnhausen, Tel.: 06051/89-251 (Burckhardhaus) oder:
AEJ, Porschestraße 3, 7000 Stuttgart 40, Tel.: 0711/824074

Ausbildungsart:
Berufsbegleitende (Zusatz-)Ausbildung zum/zur Spiel- und Theaterpädagogen/-in

Weitere Arbeitsfelder der Institution:
Keine

Hauptzielgruppen des Angebotes:
Sozialpädagogen/-innen, Sozialarbeiter/-innen, Erzieher/-innen u.ä.

Inhalte/Angebote:
Grundausbildungsphase mit drei Abschnitten, Vertiefungsphase mit vier Kursabschnitten plus Erweiterungs-/Abschlußphase

Teilnahmevoraussetzungen:
Keine näheren Angaben

Ausbildungszeitraum:
Grundausbildungsphase ca. 2 Jahre, Vertiefungsphse ca. 2 Jahre und die Erweiterungsphase 15 Kompakttage

Gebühren:
Ca. 350 DM pro Kursabschnitt

Abschluß:
Zertifikat der AGS

Quelle:
Broschüre "Ausbildung für Spiel- und Theaterpädagogik" der AGS

• • • • •

Institution:
Arbeitskreis Museumspädagogik e.V.

Kontaktadressen:
c/o Heide Morjan, Felix-Klein-Str. 12, 3400 Göttingen, Tel.: 0551/75641
c/o Sylvia Heinje, Cäsariusstr. 17, 5300 Bonn, Tel.: 0228/362550

Ausbildungsart:
Berufsbegleitende Weiterbildung für Museumspädagogen/-innen und Multiplikatoren

Weitere Arbeitsfelder der Institution:
Herausgabe der Zeitschrift "Standbein Spielbein"; Organisation von Tagungen für Museumspädagogen/-innen

Hauptzielgruppen des Angebotes:
Museumspädagogen/-innen

Inhalte/Angebote:
Derzeit im Rahmen eines vom BMBW geförderten Modell-Projekts über ein Jahr vier Fortbildungen für Museumspädagogen/-innen; darüber hinaus weitere Fortbildungen in unregelmäßigen Abständen; Ziel ist eine Weiterqualifizierung für die Tätigkeit im Museum

Teilnahmevoraussetzungen:
Interesse an Museumspädagogik; möglichst auch Berufs- oder Praktikumserfahrung

Ausbildungszeitraum:
Wochenendfortbildungen

Gebühren:
Ca. 50 DM incl. Unterkunft und Verpflegung

Abschluß:
Keiner

Quelle:
Ein ausgefüllter Fragebogen

· · · · ·

Institution:
arlequí – centre de dansa i teatre

Kontaktadressen:
cta. de Pujarnol, Banyoles (Girona), Spanien
Anna Borreda, Im Kolke 20 e, 3400 Göttingen, Tel.: 0551/796759
Michael Schmidt, Rasenweg 18, 3400 Göttingen, Tel.: 0551/55215

Ausbildungsart:
Tanz- und Theaterkurse für professionelle und ehrenamtliche Anwendung

Weitere Arbeitsfelder der Institution:
Keine

Hauptzielgruppen des Angebotes:
Pädagogen und Interessenten, die sich in einer Tanz- oder Theaterausbildung befinden bzw. die Tanz und Theater als Hobby betreiben

Inhalte/Angebote:
Contact-Improvisation; Modern Dance; Step-Tanz; Musical; Bewegungstheater; Mimik; Clownerie; Zirkustechniken

Teilnahmevoraussetzungen:
Unterschiedlich; es gibt Kurse für Anfänger, Teilnehmer mit Vorkenntnissen und für Fortgeschrittene

Ausbildungszeitraum:
14-tägige Kurse im Frühjahr und von Juli bis Oktober

Gebühren:
570 DM (500 DM ermäßigt) für den Kurs inkl. Unterkunft

Abschluß:
Keiner

Quelle:
Ein ausgefüllter Fragebogen und ein Kurzportrait

• • • • •

Institution:
Workshop Hannover – Zentrum für kreatives Gestalten e.V.

Kontaktadresse:
Lister Meile 4, Raschplatzpavillion, 3000 Hannover, Tel.: 0511/344711
Kontaktperson: Ewe Dornis

Ausbildungsart:
Allgemeine und berufliche Weiterbildungsangebote im kreativen Bereich

Weitere Arbeitsfelder der Institution:
Kunstaktionen im öffentlichen Raum und zielgruppenorientierte Projektarbeit

Hauptzielgruppen des Angebotes:
Interessierte an einer Weiterbildung im künstlerischen, kreativen und kulturellen Bereich

Inhalte/Angebote:
Verschiedene Wochenend- und Abendkurse, z.B. Malen, Zeichnen, Tanzen, kreatives Gestalten; handwerklich orientierte Kurse wie Buchbinden, Siebdruck u.a.

Teilnahmevoraussetzungen:
Keine

Ausbildungszeitraum:
Wochenendkurse oder Kursfolgen von 7 Wochen (abends)

Gebühren:
Unterschiedlich; Mitglieder des Vereins erhalten 10 DM Ermäßigung pro Kurs

Abschluß:
Keiner

Besonderheiten/Anmerkungen:
Kurse, Seminare und Bildungsurlaube werden z.T. in Zusammenarbeit mit dem Bildungsverein Soziales Lernen und Kommuniaktion e.V. durchgeführt

Quelle:
Dokumentation des Workshop Hannover e.V. "Vom Anfang zur Zukunft", 1971–1987 sowie verschiedene Programme (1. und 3. Kursfolge 1989)

• • • • •

Institution:
Albatross – Studio für Experimentelles und Freies Theater

Kontaktadresse:
Schoolpat 7 (Alte Ziegelei), 2904 Hatten-Munderloh, Tel.: 04482/1213
Kontaktperson: Udo Berenbrinker

Ausbildungsart:
Berufsbegleitende Aus- und Fortbildung in den Bereichen Clowntheater und Körpertheater

Weitere Arbeitsfelder der Institution:
Animation mit Kindern; Produktionen im Bereich Kindertheater und Experimentelles Bewegungstheater

Hauptzielgruppen des Angebotes:
Lehrer, Humanist. Therapeuten, Sozialpädagogen, Schauspieler

Inhalte/Angebote:
Wochenendgruppen (Einführung); zwei bis dreijährige Aus- und Fortbildungen im Bereich Körpertheater; halbjährige berufsbezogene Weiterbildung im Bereich Clowntheater; 14-tägige Intensivprojekte im Bereich Straßentheater

Teilnahmevoraussetzungen:
Bei Fortbildungen: Kenntnisse von Theater- und Bewegungsabläufen

Ausbildungszeitraum:
Zwischen 6 Monaten und zwei Jahren bei Aus- und Fortbildungen

Gebühren:
Bei Projekten ca. 3000 DM pro Jahr

Abschluß:
Keiner

Besonderheiten/Anmerkungen:
Die Institution ist aufgrund des experimentellen Charakters in der BRD nicht berechtigt, Abschlüsse zu erteilen oder Förderungen zu erhalten; in Portugal und Italien sind die Abschlüsse jedoch staatlich anerkannt

Quelle:
Ein ausgefüllter Fragebogen, ein Kurzportrait und das Seminarprogramm '89

● ● ● ● ●

Institution:
Theaterpädagogisches Zentrum e.V.

Kontaktadresse:
Genter Str. 23, 5000 Köln 1, Tel.: 0221/521718 oder 526304
Kontaktpersonen: Uwe Schäfer-Remmele, Inge Münzner, Jochen Muth

Ausbildungsart:
Aus- und Fortbildung von Theaterpädagogen/-innen; Fortbildung von pädagogischen Fachkräften in Theatertechniken und Zirkustechniken

Weitere Arbeitsfelder der Institution:
Theaterprojekte (u.a. Kinder- und Jugendtheater), Zirkusprojekte, Festivals und Projekte mit besonderen Zielgruppen (u.a. Ausländer, Arbeitslose, Häftlinge)

Hauptzielgruppen des Angebotes:
Lehrer/-innen, Sozialarbeiter/-innen und Theaterinteressenten

Inhalte/Angebote:
Die berufsbegleitende Aus- bzw. Fortbildung im Kurssystem führt die Teilnehmer/-innen an die vielfältigen Aspekte der Theaterarbeit heran; die Weitergabe an Kinder Jugendliche und Erwachsene wird durch eigenes Erleben erleichtert

Teilnahmevoraussetzungen:
Möglichst eine abgeschlossene Berufsausbildung und Multiplikator-Funktion

Ausbildungszeitraum:
2½ Jahre (700 Stunden), bestehend aus einem einjährigen Grundkurs, einem einjährigen Fortgeschrittenenkurs und einem halbjährigen Projektteil

Gebühren:
150 DM monatlich

Abschluß:
Theaterpädagoge/-in in Verbindung mit einer pädagogischen Grundausbildung

Besonderheiten/Anmerkungen:
Die Theaterarbeit des TPZ gehört zum kulturpädagogischen Angebot in Köln, das von verschiedenen, meist freien (d.h. nicht-städtischen) Einrichtungen durchgeführt wird; das TPZ arbeitet u.a. in der Kulturpädagogischen Kooperative Köln (KKK) und mit dem Bundesverband Spiel-Theater- Animation (BUSTA) zusammen und ist führendes Mitglied in der Kooperative Theaterpädagogik NRW e.V.

Quelle:
Ein ausgefüllter Fragebogen und das Jahresprogramm '89

• • • • •

Institution:
Rheinische AG Spiel und Theater im Regierungsbezirk Köln e.V.

Kontaktadresse:
Kürfürstenstr. 18, 5000 Köln 1, Tel.: 0221/323482
Kontaktperson: Josef Broich

Ausbildungsart:
Weiterbildung im Bereich Spiel- und Theaterpädagogik für pädagogische Berufe bzw. Freizeitfachkräfte

Weitere Arbeitsfelder der Institution:
Beratung; Herausgabe einer Schriftenreihe zum Thema Spiel und Theater

Hauptzielgruppen des Angebotes:
Pädagogen/-innen, Lehrer/-innen, Sozialarbeiter/-innen, Mitarbeiter/-innen aus Gesundheitsberufen

Inhalte/Angebote:
Im Schnitt 70 verschiedene Maßnahmen aus allen Bereichen der Spiel- und Theaterpädagogik sowie des Kabaretts

Teilnahmevoraussetzungen:
Multiplikator-Funktion im pädagogischen Bereich

Ausbildungszeitraum:
Berufsbegleitend bis zu einem Jahr (142 Stunden pro Maßnahme)

Gebühren:
430 DM pro Jahresmaßnahme

Abschluß:
Keiner

Quelle:
Ein ausgefüllter Fragebogen

• • • • •

Institution:
Kölner Spielewerkstatt e.V.

Kontaktadresse:
Wißmannstr. 38, 5000 Köln 30, Tel.: 0221/514144
Kontaktperson: Sebastian Koerber

Ausbildungsart:
Weiterbildung im Bereich der kulturellen Animation mit Kindern (Spielseminare und Spielleiterseminare)

Weitere Arbeitsfelder der Institution:
Spielfestgestaltung, Spielgeräteverleih, Weiterbildungsangebote für Pädagogen/-innen/Sozialarbeiter/-innen unterschiedlicher Institutionen

Hauptzielgruppen des Angebotes:
Pädagogen/-innen aus der Kinder- und Jugendarbeit

Inhalte/Angebote:
Wochenendseminare: "New Games", "Kreatives Gestalten mit Alltagsmaterial"; Vorbereitungsseminare für Stadtranderholung und Ferienfreizeiten

Teilnahmevoraussetzungen:
Keine - die Seminare werden u.a. durchgeführt für Jugendämter, Kindergärten, Bürgerzentren, Initiativen

Ausbildungszeitraum:
Unterschiedlich, meistens 1 Wochenende (teilweise 1 Woche)

Gebühren:
Ca. 80 DM pro Maßnahme

Abschluß:
Keiner

Besonderheiten/Anmerkungen:
Unter der gleichen Adresse ist der Kölner Spielecircus zu erreichen, der Circusaktionen, Circusprojekte, Weiterbildung und Workshops anbietet

Quelle:
Ein ausgefüllter Fragebogen und ein Informationsfaltblatt des Kölner Spielecircus

•••••

Institution:
Frankfurter Tanzkreis

Kontaktadresse:
c/o Elisabeth Grau, Walter-Rietig-Straße 48, 6070 Langen

Ausbildungsart:
Multiplikatoren-Weiterbildung im Rahmen von Wochenendlehrgängen und berufsbegleitende Fortbildungslehrgänge z.T. in Kooperation mit dem Berufsverband der Sozialarbeiter, Sozialpädagogen, Heilpädagogen – jeweils aktuellen Jahresplan anfordern!

Weitere Arbeitsfelder der Institution:
Informationen über Tanz und verschiedene Tanzrichtungen; Veranstaltungen mit Kindern und Jugendlichen

Hauptzielgruppen des Angebotes:
Multiplikatoren in der Jugend- und Erwachsenenbildung; Interessenten und Verantwortliche für Tanz in Erziehungs- und Bildungsbereichen

Inhalte/Angebote:
Klausurtagungen; Einführung in verschiedene Tanzformen; Körpertheater; Fortbildungslehrgänge (vgl. den jeweils aktuellen Jahresplan)

Teilnahmevoraussetzungen:
Keine

Ausbildungszeitraum:
Wochenendlehrgänge und Abendseminare

Gebühren:
Unterschiedlich; Ermäßigungen für Mitglieder des Frankfurter Tanzkreises

Abschluß:
Teilnahmebescheinigung

Quelle:
"Veranstaltungen 1989"

• • • • •

Institution:
Theaterpädagogisches Zentrum der Emsländischen Landschaft e.V. - Fachakademie für Spiel, Theater und Tanz

Kontaktadresse:
Universitätsplatz 5-6, 4450 Lingen/Ems, Tel.: 0591/82480, -81
Kontaktperson: OSTR Norbert Radermacher

Ausbildungsart:
Fortbildung zum/zur Spiel- und Theaterpädagogen/-in (Vollzeitausbildung) sowie Ausbildung zum/zur Tanzleiter/-in

Weitere Arbeitsfelder der Institution:
Internationale Festivals; Modellprojekte; Jugendaustausch; Zielgruppenarbeit (Kinder, Senioren, Behinderte etc.); regionale und überregionale Lehrerfortbildung

Hauptzielgruppen des Angebotes:
Lehrer/-innen, Sozialarbeiter/-innen und Erzieher/-innen, die entweder arbeitslos oder unzufrieden mit ihrer aktuellen Situation sind

Inhalte/Angebote:
Aus- und Fortbildung in den Bereichen Spiel, Tanz und Theater

Teilnahmevoraussetzungen:
Allgemeine pädagogische Ausbildung als Lehrer/-in, Sozialarbeiter/-in, Erzieher/-in oder Erfahrung im theaterpädagogischen Bereich

Ausbildungszeitraum:
19 Monate

Gebühren:
550 DM pro Monat

Abschluß:
Spiel- und Theaterpädagoge/-in

Besonderheiten/Anmerkungen:
Die nach §34 AFG anerkannte Fortbildung/Ausbildung zum/zur Spiel- und Theaterpädagogen/-in soll ein regelmäßiges Angebot werden

Quelle:
Ein ausgefüllter Fragebogen

• • • • •

Institution:
Freizeitschule des Waldorfschulvereins e.V.

Kontaktadresse:
Neckarauer Waldweg 131, 6800 Mannheim 24 (Neckarau), Tel.: 0621/856766
Kontaktperson: Hartmut Brunnenkant

Ausbildungsart:
Weiterbildungsangebote unterschiedlicher Art als allgemeine wie berufliche Qualifizierung im handwerklich-künstlerischen Bereich

Weitere Arbeitsfelder der Institution:
Als freies Kulturzentrum bietet die Freizeitschule ein breites Spektrum an Kursen und Seminaren für alle Interessierten an (u.a. auch Angebote für Kinder)

Hauptzielgruppen des Angebotes:
Erzieher/-innen, Lehrer/-innen, Sozialpädagogen/-innen

Inhalte/Angebote:
Kurse, Seminare, Werkstätten und Wochenendseminare zum Erlernen unterschiedlicher Freizeit- und Kulturtechniken wie z.B. textiles Gestalten, Musik, Malerei, Keramik, Theater etc.

Teilnahmevoraussetzungen:
Keine

Ausbildungszeitraum:
Unterschiedlich

Gebühren:
Unterschiedlich

Abschluß:
Keiner

Besonderheiten/Anmerkungen:
Die Freizeitschule ist Mitglied im Landesverband der Jugendkunstschulen und kulturpädagogischen Einrichtungen

Quelle:
Das Frühjahr-Sommerprogramm 1989

• • • • •

Institution:
Bundesverband Seniorentanz e.V.

Kontaktadresse:
Schützenstr. 29, 4370 Marl 6, Tel.: 02365/71969
Kontaktperson: Ernst Trötschel (Geschäftsführer)

Ausbildungsart:
Grundausbildung und Weiterbildung zum/zur Seniorentanzleiter/-in; in unregelmäßigen Abständen musische Weiterbildungen für Tanzleiter/-innen; Sitztanzlehrgänge

Weitere Arbeitsfelder der Institution:
Keine

Hauptzielgruppen des Angebotes:
Mitarbeiter/-innen in der Seniorenarbeit

Inhalte/Angebote:
Neben der o.g. Grundausbildung führt der Bundesverband spezielle Lehrgänge wie "Tanz mit Behinderten", "Gesellschaftstanz in geselliger Form" u.a. durch; weiterhin werden Seminare für Tanzleiter/-innen, Mitarbeiterschulungen und Tanzfreizeiten angeboten

Teilnahmevoraussetzungen:
Formal keine, aber Vorkenntnisse im Seniorentanz werden erwartet

Ausbildungszeitraum:
134 Unterrichtseinheiten untergliedert in: Grundlehrgang, A-I-Lehrgang, A-II-Lehrgang, Abschluß (Zertifikatserwerb) – berufsbegleitende Seminare

Gebühren:
80 DM pro Maßnahme plus 40-50 DM pro Tag für Unterkunft und Verpflegung

Abschluß:
Zertifikat (Tanzleiterschein des Bundesverbandes)

Besonderheiten/Anmerkungen:
Der erworbene Tanzleiterschein ist 3 Jahre gültig und kann um weitere 3 Jahre verlängert werden, wenn der/die Tanzleiter/-in eine Mitarbeiterschulung besucht

Quelle:
Ein ausgefüllter Fragebogen und "Kurzinformationen"

• • • • •

Institution:
Pädagogische Aktion e.V.

Kontaktadresse:
Reichenbachstr. 12, 8000 München 2, Tel.: 089/2609208
Kontaktperson: Haimo Liebich

Ausbildungsart:
Berufliche Weiterbildung und Multiplikatoren-Weiterbildung im kulturellen und sozialpädagogischen Bereich (offene Kinderarbeit, mobile Spielanimation, Museumspädagogik etc.)

Weitere Arbeitsfelder der Institution:
Spiel- und Kulturpädagogik, ästhetische Erziehung, Museumspädagogik

Hauptzielgruppen des Angebotes:
Spiel- und Kulturpädagogen/-innen, Lehrer/-innen, Erzieher/-innen, Eltern

Inhalte/Angebote:
Tagungen; Seminare; Veranstaltungen; Workshops; Zukunftswerkstätten; Fortbildungen zu Themen wie: Spiel, Spielanimation, kommunale Kinder- und Jugendkulturarbeit, Kulturpädagogik, Theater, Literatur etc.

Teilnahmevoraussetzungen:
Keine

Ausbildungszeitraum:
1-14 Tage

Gebühren:
50-200 DM plus Unterkunft und Verpflegung

Abschluß:
Keiner

Quelle:
Ein ausgefüllter Fragebogen und das Fortbildungsprogramm "FO PA '89"

• • • • •

Institution:
Akademie Remscheid für musische Bildung und Medienerziehung

Kontaktadresse:
Küppelstein 34, 5630 Remscheid, Tel.: 02191/794-1, -244
Kontaktperson: Ulrich Baer

Ausbildungsart:
Berufsbegleitende Fortbildungsmaßnahmen und Vermittlung von Zusatzqualifikationen in verschiedenen Fachbereichen der kulturellen Bildung; Fortbildung "Kulturmanagement"

Weitere Arbeitsfelder der Institution:
Veröffentlichungen; Beratung; Konzepterstellung; Fachtagungen u.ä.m.

Hauptzielgruppen des Angebotes:
Fortbildung "Kulturmanagement" für arbeitslose Künstler/-innen, Lehrer/-innen, Sozialwissenschaftler/-innen und Diplom-Pädagogen/-innen, Mitarbeiter/-innen aus Sozialberufen, Künstler/-innen; sonstige Fortbildungen für Mitarbeiter/-innen aus allen Bereichen der kulturellen Jugendbildung

Inhalte/Angebote:
Umfangreiches Programm mit Werkstattkursen sowie Grund- und Qualifizierungskursen in allen Feldern der kulturellen Jugendbildung; Fortbildungskurs "Kulturmanagement" in Zusammenarbeit mit dem Institut für Bildung und Kultur e.V. (unter der o.g. Adresse ebenfalls zu erreichen)

Teilnahmevoraussetzungen:
Berufserfahrung

Ausbildungszeitraum:
Unterschiedlich (5-10 Wochen verteilt auf 1-2 Jahre); Fortbildung "Kulturmanagement" erstmals Nov. '87 bis Nov. '88 (12 Monate)

Gebühren:
220 DM pro Woche

Abschluß:
Akademieeigene, qualifizierte Abschlüsse

Quelle:
Ein ausgefüllter Fragebogen, Fortbildungsprogramme von 1989 und 1990, Presseinformationen zur Fortbildung "Kulturmanagement"

• • • • •

Institution:
Kreisel – Saarbrücker Institut für Pädagogik und Spiel

Kontaktadresse:
Fürstenstr. 1a, 6600 Saarbrücken, Tel.: 0681/32713
Kontaktperson: Rainer Rosar (Studienreiseleiter)

Ausbildungsart:
Berufsbegleitende Fortbildung (Zusatzausbildung) zum/zur Spielpädagogen/-in

Weitere Arbeitsfelder der Institution:
Verlagsarbeit, Spieleverleih und Weiterbildungsangebote für Erzieher/-innen und Lehrer/-innen

Hauptzielgruppen des Angebotes:
Erzieher/-innen, Sozialpädagogen/-innen, Lehrer/-innen

Inhalte/Angebote:
Spielpädagogische Fortbildung für Erzieher/-innen im Anerkennungsjahr; Fortbildung zum/zur Spielpädagogen/-in; Kabarettkurse; Medienarbeit

Teilnahmevoraussetzungen:
Abgeschlossene Berufsausbildung und Berufserfahrung von mindestens zwei Jahren (Multiplikator-Funktion)

Ausbildungszeitraum:
3 Wochenenden, ein 3-Tageblock und eine ganze Woche (100 Stunden insgesamt), verteilt auf ein Jahr

Gebühren:
90 DM pro Wochenende, 120 DM pro 3-Tageblock, 180 DM pro Woche; 17,50 DM für Unterkunft und Verpflegung pro Tag

Abschluß:
Spielpädagoge/-in (nicht geschützte Bezeichnung)

Quelle:
Ein ausgefüllter Fragebogen

● ● ● ● ●

Institution:
Bundesakademie für musikalische Jugendbildung

Kontaktadresse:
Hugo-Herrmann-Str. 22, Postfach 1158, 7218 Trossingen, Tel.: 07425/ 5058
Kontaktperson: Peter Hoch (Dozent)

Ausbildungsart:
Fortbildung und Beratung von Mitarbeitern in der außerschulischen musikalischen Jugendarbeit in Form von berufsbegleitenden Lehrgängen (auch geschlossene Lehrgänge von Mitgliedsverbänden), Wochen(end)seminaren und Arbeitstagungen

Weitere Arbeitsfelder der Institution:
Beratung von Verbänden/Institutionen und Veröffentlichung von Arbeitsergebnissen

Hauptzielgruppen des Angebotes:
Dirigenten/-innen, Jugendleiter/-innen und Ausbilder/-innen von Nachwuchs in Vereinen sowie Musiklehrer/-innen an Musikschulen und im freien Beruf

Inhalte/Angebote:
- Fortbildung von Dirigenten/-innen und Mitarbeitern/-innen in Vereinen der Laienmusik;
- Fortbildung von Musiklehrern/-innen an Musikschulen und im freien Beruf;
- Fortbildung von Mitarbeitern/-innen aus sozial- und heilpädagogischen Berufen;
- Fortbildung von Experten/-innen der musikalischen Jugendarbeit (internationale Seminare)

Teilnahmevoraussetzungen:
Abgeschlossene Berufsausbildung; Berufserfahrung von mindestens vier Jahren; Multiplikator-Funktion; Praxistätigkeit im betreffenden Bereich

Ausbildungszeitraum:
Berufsbegleitende Lehrgänge bis zu 2 Jahren, Seminare und Kurzlehrgänge (ein Wochenende bis eine Woche)

Gebühren:
50-80 DM pro Maßnahme plus 40 DM für Unterkunft und Verpflegung pro Tag

Abschluß:
Beurkundung der im Lehrgang vermittelten Inhalte

Quelle:
Ein ausgefüllter Fragebogen und das Programm 1989

● ● ● ● ●

Institution:
LAG Kulturpädagogische Dienste Jugendkunstschulen NRW e.V.

Kontaktadresse:
Luisenstr. 22, 4750 Unna, Tel.: 02303/69324
Kontaktperson: Dagmar von Kathen

Ausbildungsart:
Berufliche Fort- und Weiterbildung für Kulturpädagogen/-innen

Weitere Arbeitsfelder der Institution:
Veröffentlichungen (u.a. die Zeitschrift "Info-Dienst Kulturpädagogische Nachrichten", die zusammen mit dem Bundesverband der Jugendkunstschulen und kulturpädagogischen Einrichtungen e.V. herausgegeben wird); Beratung

Hauptzielgruppen des Angebotes:
Mitarbeiter/-innen im kulturpädagogischen Bereich

Inhalte/Angebote:
Fortbildungen und Beratung für Kulturpädagogen/-innen

Teilnahmevoraussetzungen:
Keine

Ausbildungszeitraum:
1-3 Tage, in Vorbereitung ist eine einjährige berufsbegleitende Fortbildung

Gebühren:
Keine Angaben

Abschluß:
Keiner

Quelle:
Ein ausgefüllter Fragebogen

•••••

Institution:
Bundesakademie für kulturelle Bildung Wolfenbüttel e.V.

Kontaktadresse:
Kanzleistr. 5, Postfach 1140, 3340 Wolfenbüttel, Tel.: 053317/5686 bzw. 5138
Kontaktperson: Steffen Tiggeler (Akademiedirektor)

Ausbildungsart:
Berufsbegleitende Fort- und Weiterbildungsangebote für Multiplikatoren auf kulturellen Gebieten

Weitere Arbeitsfelder der Institution:
Bildungsangebote auch für Einrichtungen künstlerischer Art wie Musikschulen, Chöre, Orchester, Kunstschulen, Volkshochschulen, Museen, Theatergruppen, Schreibwerkstätten

Hauptzielgruppen des Angebotes:
Haupt-, neben- und ehrenamtliche Kräfte, die eine Vermittlertätigkeit im Bereich der kulturellen Bildung ausüben bzw. ausüben wollen (Theater, Musik, Bildende Kunst, Literatur und Museumspädagogik)

Inhalte/Angebote:
- Musik: Workshops und Kurse u.a. zu Chor- und Orchesterleitung, Vermittlung von Jazz, Pop etc. an Kinder und Jugendliche u.v.a.m.;
- Bildende Kunst: Werkstattkurse für künstlerische Techniken, Seminare, Übungen und Projekte zu verschiedenen Themen;
- Museumspädagogik: Tagungen und Kurse;
- Theater: Seminare und Workshops
- Literatur: Seminare und Workshops
- Interdisziplinäre Veranstaltungen

Teilnahmevoraussetzungen:
Abgeschlossene Berufsausbildung (auch fachfremd), Berufserfahrung (mindestens 6 Monate) und der Nachweis über bereits ausgeübte oder angestrebte Multiplikator-Funktion auf kulturellem Gebiet

Ausbildungszeitraum:
3-7 Tage pro Kurs

Gebühren:
70 DM pro Tag (Aufenthaltskosten und Kursgebühr)

Abschluß:
"Zeugnis über die Teilnahme an einer berufsbegleitenden Maßnahme"; Teilnahme-Zertifikat (von diversen Einrichtungen anerkannt)

Quelle:
Ein ausgefüllter Fragebogen und Programme der Fachbereiche Musik, Bildende Kunst und Museumspädagogik

● ● ● ● ●

Institution:
Freie Schule für Theaterpädagogik e.V.

Kontaktadresse:
Kirchheimer Str. 4, 7338 Zell u.A., Tel.: 07164/7615
Kontaktpersonen: T. & F. Kunstleben

Ausbildungsart:
Berufsbegleitende Fortbildung zum/zur Spielleiter/-in für Spiel, Darstellendes Spiel und Theater (in Kooperation mit der VHS des Landkreises Göppingen)

Weitere Arbeitsfelder der Institution:
Fortbildungen für pädagogische, sozialpädagogische und therapeutische Berufe; Aufbaustudium Theater in Pädagogik, Therapie und Kulturarbeit

Hauptzielgruppen des Angebotes:
In pädagogischen, sozialpädagogischen, heil- und sonderpädagogischen Bereichen Tätige

Inhalte/Angebote:
Berufsbegleitende Spielleiterausbildung (Beginn meist im Herbst) in Wochenend- und Ferienseminaren

Teilnahmevoraussetzungen:
Allgemeine Hochschulreife, Fachhochschulreife oder abgeschlossene Berufsausbildung (Ausnahmen in Einzelfällen möglich)

Ausbildungszeitraum:
2 Jahre (680 UE im Rahmen von Wochenend- und Ferienveranstaltungen)

Gebühren:
3800 DM plus Unterkunft und Verpflegung (Zuschüsse können ggf. beim Arbeitsamt beantragt werden)

Abschluß:
VHS-Teilnahmezertifikat

Quelle:
Ein von der Freien Schule für Theaterpädagogik ausgefüllter Fragebogen und die Broschüre der VHS des Landkreises Göppingen zur Konzeption der Spielleiterausbildung

● ● ● ● ●

Institution:
Freie Schule für Theaterpädagogik e.V.

Kontaktadresse:
Kirchheimer Str. 4, 7338 Zell u.A., Tel.: 07164/7615
Kontaktpersonen: T. & F. Kunstleben

Ausbildungsart:
Viersemestriges Studium "Theater in Pädagogik, Therapie und Kulturarbeit" als Aufbaustudium nach einem pädagogischen, psychologischen o.ä. Studium und/oder als Grundstudium nach dem Abitur bzw. Berufsaustritt

Weitere Arbeitsfelder der Institution:
Berufsbegleitende Fortbildung zum/zur Spielleiter/-in (siehe oben)

Hauptzielgruppen des Angebotes:
Interessenten, die in den Bereichen Pädagogik und politische Bildung, Heilpädagogik und Therapie sowie Animation und Kulturarbeit mit Spiel und Theater arbeiten wollen

Inhalte/Angebote:
Zielsetzungen/Inhalte des Studiums: Erarbeitung eines ganzheitlichen Konzepts; Erwerb von Kenntnissen, Fertigkeiten und Kompetenzen in der Anleitung von Gruppen in pädagogischen, therapeutischen und kulturellen Bereichen; Verbindung aus praktischem, therapeutischem und projektorientiertem Studium

Teilnahmevoraussetzungen:
Allgemeine Hochschulreife, Fachhochschulreife oder abgeschlossene Berufsausbildung

Ausbildungszeitraum:
4 Semester (ca. 2000 Stunden oder 60 Unterrichtswochen)

Gebühren:
400 DM pro Monat

Abschluß:
Nach Abschlußprüfungen erhält man ein qualifizierendes Zertifikat der Freien Schule für Theaterpädagogik

Besonderheiten/Anmerkungen:
Die Studienmöglichkeit wird ab Herbst 1989 angeboten, die Teilnehmerkapazität liegt bei jeweils 20 Personen

Quelle:
Ein ausgefüllter Fragebogen und eine Broschüre über die Studienmöglichkeit

2.2.5 Inhaltliche Gruppe "Sozialwesen mit Freizeitorientierung"

Institution:
Werkstatt für Demokratie und Öffentlichkeit

Kontaktadresse:
Estermannstr. 204, 5300 Bonn/Grau-Rheindorf, Tel.: 0228/674663
Kontaktperson: Gabriele Wimmer

Ausbildungsart:
Berufsbegleitende Maßnahmen zur Weiterbildung im soziokulturellen Bereich mit dem Schwerpunkt der Jugend- und Erwachsenenbildung (Multiplikatoren-Weiterbildung)

Weitere Arbeitsfelder der Institution:
Heimvolkshochschule (d.h. Tagungs- und Bildungsstätte) und Jugendbildung; es wird ein offen ausgeschriebenes Bildungsprogramm nach dem 1. Weiterbildungsgesetz NRW angeboten

Hauptzielgruppen des Angebotes:
Lehrer/-innen und Pädagogen/-innen

Inhalte/Angebote:
- Methodenworkshops zum Thema "Spiel"
- Improvisationstheater "Jugend- und Erwachsenenbildung"
- Methodentraining "Körperarbeit in der Jugend- und Erwachsenenbildung"
- Methodentraining "Mädchenarbeit"

Teilnahmevoraussetzungen:
Multiplikator-Funktion

Ausbildungszeitraum:
Jeder Kurs dauert 1 Woche (40 Stunden)

Gebühren:
210 DM incl. Unterkunft und Verpflegung

Abschluß:
Teilnahmebescheinigung

Besonderheiten/Anmerkungen:
Pro Kurs können maximal 12 (bei Spielworkshops 18) Personen teilnehmen

Quelle:
Ein ausgefüllter Fragebogen

• • • • •

Institution:
v. Bodelschwingsche Anstalten Bethel - Nazareth Fort- und Weiterbildung

Kontaktadresse:
Senner Hellweg 59, 4800 Bielefeld 12, Tel.: 0521/144-4114
Kontaktperson: Heinrich Fallner

Ausbildungsart:
Weiterbildung für haupt- und nebenamtliche Mitarbeiter/-innen im Freizeitbereich diakonisch-sozialer Handlungsfelder und Einrichtungen

Weitere Arbeitsfelder der Institution:
Erwachsenenbildung; Fort- und Weiterbildung für Fachkräfte in Diakonie und Kirche, Einrichtungen und Verbänden; teilweise betriebliche Fortbildung

Hauptzielgruppen des Angebotes:
Haupt- und ehrenamtliche erwachsene Mitarbeiter/-innen in Diakonie und Kirche, diakonischen Einrichtungen und Verbänden

Inhalte/Angebote:
"Bibliodrama" als Fortbildung in Aufbauform für Fachkräfte in kirchlichen, diakonischen und religionspädagogischen Praxisfeldern (erlebnisorientierte Arbeit mit biblischen Texten); im Erwachsenenbildungsprogramm gibt es Angebote zu "Körper, Bewegung, Theater, Tanz", weitere Fortbildungsangebote in Aufbauform gibt es z.B. zu Bereichen wie "Körpererfahrung/ Körperbewußtsein", "Animation für die soziokulturelle Praxis"

Teilnahmevoraussetzungen:
Abgeschlossene Berufsausbildung und/oder Multiplikator-Funktion

Ausbildungszeitraum:
"Bibliodrama" und andere Fortbildungskurse in Aufbauform: dreijährig – untergliedert in Einführungsworkshops, vier fünftägige Kurse, 20 Arbeitseinheiten Supervision, Praxisaufgaben und abschließende Konzeptionsarbeit; Erwachsenenbildungsangebote in Seminarform

Gebühren:
Die Fortbildung in Aufbauform "Bibliodrama" kostet rund 2000 DM; bei Einzelabrechnungen der Seminare und Ausbildungsabschnitte ergeben sich Kosten von ca. 400 DM pro Wochenkurs (inkl. Unterkunft und Verpflegung)

Abschluß:
Zertifikat

Besonderheiten/Anmerkungen:
Die Angebote richten sich an haupt- und ehrenamtliche Mitarbeiter/-innen

Quelle:
Ein ausgefüllter Fragebogen und weiteres Informationsmaterial

• • • • •

Institution:
Paritätisches Bildungswerk – Bundesverband e.V.

Kontaktadresse:
Heinrich-Hoffmannstr. 3, 6000 Frankfurt a.M. 71, Tel.: 069/6706-274
Kontaktperson: Hermann Lieb

Ausbildungsart:
Das Paritätische Bildungswerk ist ein Dachverband der außerschulischen Bildungsarbeit, dessen Mitgliedsorganisationen verschiedene Fort- und Weiterbildungsmaßnahmen für Mitarbeiter/-innen in sozialen Einrichtungen sowie für Gruppenleiter/-innen Internationaler Begegnungen durchführen

Weitere Arbeitsfelder der Institution:
Herausgabe der Schritenreihe "Berichte"; Sammlung, Koordination und Wertung von Erfahrungen sozialer Bildungsarbeit für Zivildienstleistende, die in Einrichtungen des DPWV eingesetzt sind

Hauptzielgruppen des Angebotes:
Multiplikatoren und Mitarbeiter/-innen in unterschiedlichen Feldern der Sozial- und Bildungsarbeit

Inhalte/Angebote:
Expertentagungen; Fachtagungen; bundeszentrale Fortbildungsmaßnahmen (Lehrgänge, Wochenendseminare)

Teilnahmevoraussetzungen:
Sind beim Träger zu erfragen

Ausbildungszeitraum:
Unterschiedlich je nach Angebot

Gebühren:
Unterschiedlich je nach Angebot

Abschluß:
Zertifikat

Quelle:
"Ausbildung 1989" des Deutsch-Französischen Jugendwerks und Angaben des Paritätischen Bildungswerks

• • • • •

Institution:
Institut für Jugendarbeit des Bayrischen Jugendrings - KdöR

Kontaktadresse:
Germeringer Straße 30, 8035 Gauting, Tel.: 089/8501575
Kontaktperson: Dr. Roland Feldmann (Direktor)

Ausbildungsart:
Fortbildungsveranstaltungen für das Arbeitsfeld Jugendarbeit

Weitere Arbeitsfelder der Institution:
Fachtagungen zu jugendpolitischen und bildungspolitischen Themen; Projektberatung

Hauptzielgruppen des Angebotes:
Hauptberufliche und ehrenamtliche Mitarbeiter/-innen der Jugendarbeit

Inhalte/Angebote:
- Berufs- und arbeitsfeldbezogene Fortbildung (z.B. kommunale Jugendpfleger);
- Grundlagen und Methoden der Jugendbildungsarbeit;
- Politische Bildung;
- Kulturelle Bildung

Teilnahmevoraussetzungen:
In der Regel Mitarbeit in der Jugendarbeit; Teilnahme ist im Einzelfall auch für andere Interessenten möglich

Ausbildungszeitraum:
Wochenend- und Wochenveranstaltungen; mittelfristige Fortbildungen, bestehend aus ca. 3-4 Wocheneinheiten sowie Kurzveranstaltungen

Gebühren:
Je nach Dauer (in der Regel 25 DM für ein Wochenend-Seminar und 70 DM für eine Wochen-Veranstaltung)

Abschluß:
Teilnahmebestätigung mit differenzierter Darstellung der Inhalte der Fortbildungsveranstaltung

Besonderheiten/Anmerkungen:
Das Institut ist eine landeszentrale Fortbildungseinrichtung für Mitarbeiter in der Jugendarbeit in Trägerschaft des Bayrischen Jugendrings, KdöR

Quelle:
Ein ausgefüllter Fragebogen, ein Kurzportrait und die Programme '88 und '89

● ● ● ● ●

Institution:
Verband Hamburger Spielplatzinitiativen e.V. – Fachverband für Offene Arbeit mit Kindern

Kontaktadresse:
Altonaer Str. 34, 2000 Hamburg 36, Tel.: 040/434272
Kontaktperson: Antje Meyer

Ausbildungsart:
Berufsbezogene Weiterbildung für Mitarbeiter/-innen in der offenen Kinderarbeit, schwerpunktmäßig für Bauspielplatzpädagogen/-innen

Weitere Arbeitsfelder der Institution:
Erstellung und Herausgabe von Fachliteratur; Beratung und Übernahme von Dienstleistungen freier Träger; Koordination und Organisation von Arbeitskreisen

Hauptzielgruppen des Angebotes:
Hauptamtliche Pädagogen/-innen

Inhalte/Angebote:
Kurse zur Erweiterung der technischen und handwerklichen Kenntnisse; Reflexions- und Austauschseminare; fachpädagogische Theorievermittlung u.a.

Teilnahmevoraussetzungen:
Mitarbeit im Berufsfeld

Ausbildungszeitraum:
Unterschiedlich: Wochenendseminare; dreimonatige Kurse mit 2 Std. wöchentlich u.a.m.

Gebühren:
Bis zu 150 DM pro Maßnahme plus Unterkunft und Verpflegung

Abschluß:
Keiner

Quelle:
Ein ausgefüllter Fragebogen

Institution:
Robert-Görlinger-Bildungswerk

Kontaktadresse:
Rubensstr. 7-13, 5000 Köln 1, Tel.: 0221/20407-0, -46
Kontaktperson: Manfred von Horadam (Leiter)

Ausbildungsart:
Fort- und Weiterbildung von Teamern/-innen in der Kinder- und Jugendarbeit (Ferienreisen, Freizeiten)

Weitere Arbeitsfelder der Institution:
Weiterbildungsangebote in den Bereichen Politik, Freizeit/Kreativität, Familie und Persönlichkeit (entsprechend dem Weiterbildungsgesetz NRW)

Hauptzielgruppen des Angebotes:
Multiplikatoren und allgemein Interessierte

Inhalte/Angebote:
5-6 Wochenendseminare pro Jahr zur Teamer/-innen-Ausbildung in der Jugendarbeit (Ferienreisen); unregelmäßige Angebote wie Bildungsurlaub, Projekte wie "Zirkuswoche als Medium für die (Jugendarbeit)", offen ausgeschriebene Seminare (Kreativ-Techniken, Zaubern etc.)

Teilnahmevoraussetzungen:
Keine

Ausbildungszeitraum:
Unterschiedlich

Gebühren:
Unterschiedlich, im Durchschnitt etwa 90 DM pro Maßnahme

Abschluß:
Keiner

Quelle:
Ein ausgefüllter Fragebogen und das Veranstaltungsprogramm August bis Dezember 1989

● ● ● ● ●

Institution:
Haus der Jugendarbeit

Kontaktadresse:
Rupprechtstraße 25–27, 8000 München 19, Tel.: 089/1234484, -85 oder 1234413
Kontaktperson: Herr Artmaier

Ausbildungsart:
Multiplikatoren-Weiterbildung im Bereich der Jugend(freizeit)arbeit

Weitere Arbeitsfelder der Institution:
Information, Beratung und Servicedienste für die Münchener Jugendarbeit

Hauptzielgruppen des Angebotes:
Haupt- und ehrenamtliche Mitarbeiter/-innen der Jugendarbeit

Inhalte/Angebote:
Berufsbegleitende Fortbildungen: Methodenseminare, aktuelle Fragen der Kinder- und Jugendarbeit (z.B. Ökopädagogik), Fachforen und Sichtungsveranstaltungen, Workshops

Teilnahmevoraussetzungen:
Multiplikator-Funktion/Mitarbeiter im Bereich der Jugendarbeit in München

Ausbildungszeitraum:
Unterschiedlich, meist einige Abende

Gebühren:
Unterschiedlich

Abschluß:
Teilnahmebescheinigung

Quelle:
Ein ausgefüllter Fragebogen

● ● ● ● ●

Institution:
Haus Buchberg, Familien- und Weiterbildungszentrum

Kontaktadresse:
Hornisgrindestr. 15, 7540 Neuenbürg, Tel.: 07082/6500
Kontaktperson: Bruno Gittinger

Ausbildungsart:
Fortbildungen und Zusatzausbildungen für Fachkräfte der Sozial- und Bildungsarbeit

Weitere Arbeitsfelder der Institution:
Fortbildungsangebote für Familien und für Fachkräfte, die mit Familien arbeiten; allgemeine Weiterbildung (Erwachsenenbildung)

Hauptzielgruppen des Angebotes:
Erzieher/-innen, Sozialarbeiter/-innen, Berater/-innen, Fortbildner/-innen u.a., die haupt-, neben- oder ehrenamtlich tätig sind

Inhalte/Angebote:
Zusatzausbildungsangebot zum/zur Rollenspielleiter/-in sowie zum/zur Supervisor/-in; Fortbildungen für Organisations- und Einrichtungsleiter/-innen und für Gruppenleiter/-innen

Teilnahmevoraussetzungen:
a) Gruppenleiter-Fortbildung: abgeschlossene Berufsausbildung, Berufserfahrung von mindestens 1 Jahr, regelmäßige Arbeit in Gruppen
b) Fortbildung für Leiter/-innen in Einrichtungen und Organisationen: Leitungsfunktion bzw. abgeschlossene Berufsausbildung und mindestens einjährige Berufserfahrung

Ausbildungszeitraum:
Auf 1½ Jahre verteilte Blockveranstaltungen (120 Stunden)

Gebühren:
100 DM Kursgebühr pro Tag; 60 DM für Unterkunft und Verpflegung pro Tag

Abschluß:
DAGG-Zertifikat "Gruppenleiter/-in"

Quelle:
Ein ausgefüllter Fragebogen und das "Fortbildungs- und Weiterbildungsprogramm 1989"

• • • • •

Institution:
Diakonische Akademie - Zentrale Fortbildungsstätte des Diakonischen Werkes der Evangelischen Kirche in Deutschland

Kontaktadresse:
Stafflenbergstr. 176, Postfach 101142, 7000 Stuttgart 1, Tel.: 0711/ 2159-384

Ausbildungsart:
Berufsbegleitende Fort- und Weiterbildung für die Bezugsfelder Altenhilfe, Behindertenhilfe, Familienhilfe, Jugendhilfe, Krankenhilfe, Sozialbenachteiligtenhilfe; weitere übergreifende Fortbildungsangebote (lang- und kurzfristig) für Mitarbeiter/-innen in Sozialarbeit und Diakonie

Weitere Arbeitsfelder der Institution:
Die Diakonische Akademie ist eine Ergänzungsschule im Sinne des Privatschulgesetzes von Baden-Württemberg für den "Berufsbegleitenden Studiengang Heilpädagogik"; Publikationen; Beratung; Informationstagungen

Hauptzielgruppen des Angebotes:
Mitarbeiter/-innen, Fortbildner/-innen und Spezialisten in verschiedensten Bereichen der Sozialarbeit und Diakonie

Inhalte/Angebote:
Akademiekurse (langfristige Fortbildungsveranstaltungen in verschiedenen Seminarabschnitten), kurzfristige Fortbildungskurse, Seminare (als Gesprächsplattform für Experten), Studienfahrten, Projektseminare, Aufbaustudiengänge, Kooperationsseminare zu den oben genannten Bezugsfeldern, Studientagungen u.ä.m.

Teilnahmevoraussetzungen:
Sämtliche Fortbildungsveranstaltungen werden ausführlich vor Beginn ausgeschrieben; die Ausschreibungen enthalten nähere Hinweise auf das Programm, die Aufnahmebedingungen, Kosten etc.

Ausbildungszeitraum:
Unterschiedlich

Gebühren:
Unterschiedlich

Abschluß:
Zertifikate; Absolventen des "Berufsbegleitenden Studiengangs Heilpädagogik" erwerben die fachlichen Voraussetzungen für die staatliche Anerkennung als Heilpädagoge/-in

Quelle:
Jahresprogramm 1989

• • • • •

Institution:
ABA - Fachverband Offene Arbeit mit Kindern e.V.

Kontaktadresse:
Massener Str. 56, 4750 Unna, Tel.: 02303/15035 oder 0231/458889
Kontaktperson: Rainer Deimel

Ausbildungsart:
Fort- und Weiterbildung für Mitarbeiter/-innen in der offenen Kinder- und Jugendarbeit

Weitere Arbeitsfelder der Institution:
Beratung; Konzeptionierung; Herausgabe von Schriften; Politik für Kinder und Multiplikatoren

Hauptzielgruppen des Angebotes:
Multiplikatoren offener Kinderarbeit

Inhalte/Angebote:
Regionaler Austausch zu spezifischen Fachthemen; Praxis-Workshops; Theorie-Tagungen etc.

Teilnahmevoraussetzungen:
Keine

Ausbildungszeitraum:
1-2 Tage (Blockveranstaltungen)

Gebühren:
Unterschiedlich

Abschluß:
Keiner

Quelle:
Ein ausgefüllter Fragebogen

● ● ● ● ●

Institution:
EREW – Institut für Erziehungstherapie

Kontaktadresse:
Postfach 100249, 4060 Viersen 1, Tel.: 02162/24606

Ausbildungsart:
Verschiedene Aus- und Fortbildungsangebote für Therapeuten/-innen, z.T. mit kulturell-künstlerischen Akzenten

Weitere Arbeitsfelder der Institution:
Keine

Hauptzielgruppen des Angebotes:
Diplom-Pädagogen/-innen; Diplom-Psychologen/-innen; Sozialarbeiter/-innen; Lehrer/-innen; Theologen/-innen

Inhalte/Angebote:
Therapeutenausbildung für Gesprächstherapie; Sprach-, Kommunikations- und Institutionsberatung; Erziehungstherapie; Kinder- und Jugendtherapie; Europa-Jugendseminare; Kreativitätsseminare

Teilnahmevoraussetzungen:
Allgemeine Hochschulreife oder Fachhochschulreife, abgeschlossene Berufsausbildung, Multiplikator-Funktion

Ausbildungszeitraum:
3 Semester (680 Stunden) berufsbegleitend

Gebühren:
260 DM pro Monat plus Unterkunft und Verpflegung von 45 DM pro Tag

Abschluß:
Keine Angaben

Quelle:
Ein ausgefüllter Fragebogen

•••••

Institution:
Paritätisches Bildungswerk – Landesverband Nordrhein-Westfalen e.V.

Kontaktadresse:
Loher Str. 7, 5600 Wuppertal 2, Tel.: 0202/8982-0, -147
Kontaktperson: Helga Hege

Ausbildungsart:
Helferschulungen für Ferienmaßnahmen und Fort-/Weiterbildung für freizeitbegleitende Maßnahmen

Weitere Arbeitsfelder der Institution:
Bildungsangebote für ehrenamtliche und hauptamtliche Mitarbeiter aus allen Bereichen der sozialen Arbeit

Hauptzielgruppen des Angebotes:
Ehrenamtliche, nebenamtliche und hauptberufliche Mitarbeiter/-innen der sozialen Arbeit

Inhalte/Angebote:
Helferschulungen; Fort- und Weiterbildung; freizeitbegleitende Maßnahmen

Teilnahmevoraussetzungen:
Keine näheren Angaben

Ausbildungszeitraum:
Keine näheren Angaben

Gebühren:
Keine näheren Angaben

Abschluß:
Keine näheren Angaben

Quelle:
Ein (teilweise) ausgefüllter Fragebogen

3 Service für Interessenten: Aus-, Fort- und Weiterbildungsangebote auf einen Blick

Wir stellen hier die Hochschulen und sonstigen Einrichtungen mit Aus- und Weiterbildungen für Freizeitberufe nach inhaltlichen Gruppen geordnet vor, damit sich der Leser auf einen Blick über das Angebot informieren kann. Neben den Freizeit-Curricula, über die die Einzelportraits in Kapitel 2 nähere Auskunft geben, sind weitere Einrichtungen und Hochschulen aufgeführt (mit Adressen), die in unserer Erhebung (noch) unberücksichtigt bleiben mußten, aber ebenfalls ein Aus- oder Weiterbildungscurriculum für das Arbeits- und Berufsfeld Freizeit anbieten. Die Seitenangaben in Klammern hinter den folgenden Einrichtungen geben an, wo das zugehörige Einzelportrait zu finden ist.

3.1 Curriculum-Überblick "Freizeit allgemein"

3.3.1 Hochschul- und Fachhochschulebene

- **Rheinisch-Westfälische Technische Hochschule Aachen:** Freizeitpädagogik als Wahlfach innerhalb der Studienrichtung Jugend- und Erwachsenenbildung im Studiengang Erziehungswissenschaften (S. 37)
- **Universität Augsburg:** Freizeitpädagogik als Wahlpflichtfach im Hauptstudium des Diplom-Studiengangs Pädagogik (S. 38)
- **Universität Bielefeld:** Freizeitpädagogik und Kulturarbeit als Studienschwerpunkt bzw. Studienrichtung innerhalb des Studiengangs Diplom-Pädagogik sowie als Studienelement im erziehungswissenschaftlichen Teil der Lehramtsstudiengänge (S. 39)
- **Hochschule Bremen:** Projekt "Freizeitpädagogik und Freizeitberatung" im Hauptstudium des Studiengangs Sozialpädagogik/Sozialarbeit (S. 41)
- **Fachhochschule Düsseldorf:** Studienschwerpunkt Freizeitpädagogik im Studiengang Sozialpädagogik (Vertiefungsstudium) (S. 42)
- **Fachhochschule Fulda:** Studienschwerpunkt Freizeitwissenschaft/Tourismus innerhalb des Studiengangs Sozialpädagogik (in Kooperation mit dem Fachbereich BWL) (S. 43)
- **Universität Göttingen:** Freizeitpädagogik als eigener Studiengang im Fachbereich Erziehungswissenschaften (S. 45)
- **Universität Hamburg:** 1. "Interdisziplinäre Freizeit- und Tourismusstudien" als 'studium generale' (4 SWS) für Hörer/-innen aller Fachbereiche (Soziologen, Psychologen u.a.); 2. Nebenfach "Freizeitpädagogik

und Freizeitwissenschaft" für Sportwissenschaftler/-innen (10 SWS); 3. Nebenfach "Erziehungswissenschaft/Freizeitforschung" für Diplomsoziologen/-innen; 4. Wahlfach "Freizeitpädagogik" für Diplom-Pädagogen/-innen (10 SWS); 5. Postgraduales Studium "European Master for Leisure and Tourism" (S. 46)
- **Fachhochschule Hildesheim/Holzminden**: Studienschwerpunkt "Erziehung, Bildung, Kultur und Freizeit" im Grund- und Hauptstudium im Studiengang Sozialwesen (S. 48)
- **Pädagogische Hochschule Kiel**: Studienschwerpunkt Freizeitpädagogik und Erwachsenenbildung im Studiengang Erziehungswissenschaften (S. 49)
- **Fachhochschule Kiel**: Aufbaustudium Spielpädagogik im Studienbereich Sozialwesen (S. 50)
- **Universität Lüneburg**: Im Magister-Studiengang "Angewandte Kulturwissenschaften" des Fachbereichs "Kulturwissenschaften" gibt es das Studiengebiet "Spiel und Bewegungserziehung" und das Nebenfach "Fremdenverkehrsbetriebslehre" (S. 51)
- **Philipps-Universität Marburg**: Studienelement Freizeit-, Kultursoziologie im Fachbereich Gesellschaftswissenschaften und Philosophie (S. 52)

Hochschulen, die in unserer Erhebung noch nicht berücksichtigt sind:

o **Universität/Gesamthochschule Duisburg**, Fachbereich I, Lotharstr. 63, 4100 Duisburg 1: Schwerpunkt Freizeitpädagogik im Diplomstudiengang Sozialpädagogik/Soziale Arbeit und Erziehung
o **Universität Köln**, Heilpädagogische Fakultät, Frangenheinstr. 4, 5000 Köln 41: Schwerpunkt Freizeitpädagogik mit Behinderten im Diplomstudiengang Heilpädagogik

3.1.2 Sonstige Einrichtungen und Organisationen

- **Evangelische Akademie Bad Boll**, 7325 Bad Boll: Allgemeine und berufsbezogene Weiterbildung als Multiplikatoren-Weiterbildung im Rahmen von Tagungen (S. 109)
- **Evangelische Heimvolkshochschule Bederkesa – Sprengelzentrum**, 2852 Bederkesa: Intern und extern angebotene Weiterbildung/Fortbildung auf der Grundlage des "Freizeit-Kurses" der Evangelischen Kirche sowie Fachtagungen zur Freizeitpädagogik, Freizeitplanung und Freizeitpolitik (S. 110)

- IFKA – Institut für Freizeitwissenschaft und Kulturarbeit e.V., 4800 Bielefeld 1: Fachtagungen zu freizeit- und tourismusrelevanten Themen; Multiplikatoren-Weiterbildung und Fortbildungen in Kooperation mit Fachverbänden oder im Auftrag von öffentlichen, gemeinnützigen oder privaten Organisationen (S. 111)
- Kollegschule Bethel, 4800 Bielefeld-Bethel: Schwerpunkt Freizeitpädagogik im Rahmen einer Erzieherausbildung (S. 112)
- Bund Deutscher Pfadfinder/-innen – Landesverband Bremen/Niedersachsen, 2800 Bremen 1: Gruppenleiter-Lehrgänge, Fachseminare und Fortbildungen sowie unregelmäßig projektbezogene Weiterbildungsangebote im Theater-, Akrobatik- und Tanzbereich (S. 113)
- Verein Aktive Erziehung e.V., 1000 Berlin 33: 1. Grundausbildungslehrgang zum/zur Jugendgruppenleiter/-in/Animateur/-in, 2. Ausbildung zum/zur Betreuer/-in in internationalen Begegnungen, 3. Ausbildung zum/zur Sprachbetreuer/-in (S. 114)
- I.S.T. – Institut für Sport, Freizeit und Touristik, 4408 Dülmen (Münster): Ausbildung zum Freizeit-Manager (S. 115)
- Hessische Heimvolkshochschule Fürsteneck e.V., 6419 Eiterfeld 1: Weiterbildung für pädagogische Mitarbeiter/-innen im Freizeitbereich als berufsbegleitende Blockveranstaltung (S. 116)
- Bundesverband pädagogischer Freizeitberufe e.V., 3000 Hannover 1: Intern und extern angebotene Weiterbildung für alle im Freizeitbereich Tätigen (bis hin zu Existenzgründungsseminaren) (S. 117)
- Evangelische Arbeitsstelle Fernstudium für Kirchliche Dienste, 3000 Hannover 21: Freizeitkurs als Fernstudium (berufsbegleitende Kurse und Einzelarbeit mit Fernkursmaterial) (S. 118)
- Landesarbeitsgemeinschaft Jugendarbeit an Berufsbildenden Schulen Nordrhein-Westfalen e.V., 4320 Hattingen 16: Berufsbegleitende Weiterbildung für Berufsschullehrer/-innen (und Berufsschüler/-innen) für freizeitpädagogische (Projekt-)Arbeit (S. 120)
- KOFF – Koordinationstelle für die Fortbildung von Freizeitpädagogen, 7500 Karlsruhe 1: Interne Fortbildungsseminare für freizeitpädagogisch Tätige an Zivildienstschulen (S. 121)
- Deutsches Institut für Freizeitberatung und Animation e.V. (DIFA), 6415 Petersberg/Fulda: Ausbildung bzw. Fortbildung zum Freizeitberater und fachspezifische Weiterbildungen (S. 122)
- SFuBS e.V. – Sport-, Freizeit- und Bildungsgemeinschaft, 3016 Seelze 2: Fortbildungsseminare zu verschiedenen sportlichen, freizeitspezifischen und touristischen Themen (S. 123)

Sonstige Einrichtungen, die in unserer Erhebung noch nicht berücksichtigt sind:

o **Fachschule für Sozialpädagogik**, Johann-Michael-Sailer-Institut e.V., Zeughausstr. 13, 5000 Köln 1: Ausbildung zum Freizeitpädagogen

3.2 Curriculum-Überblick "Tourismus/Reisen"

3.2.1 Hochschul- und Fachhochschulebene

- **Universität Bayreuth, Lehrstuhl für Wirtschaftsgeographie und Regionalplanung**: Studienschwerpunkt Freizeit- und Fremdenverkehrsforschung im Rahmen des Studiengangs Diplom in Geographie/Raumplanung (S. 54)
- **Freie Universität Berlin, Institut für Tourismus**: Ergänzungsstudium Tourismus mit den Schwerpunkten Management und regionale Planung, angebunden an die Fachbereiche Geowissenschaften, Wirtschaftswissenschaften und Geschichtswissenschaften (S. 55)
- **Katholische Universität Eichstätt**: Studienschwerpunkt Freizeit und Tourismus im Diplom-Studiengang Geographie (Hauptstudium) (S. 57)
- **Fachhochschule Heilbronn**: Studium der Touristikbetriebswirtschaft (in einem eigenen Fachbereich der Fachhochschule) (S. 58)
- **Fachhochschule Kempten**: Studienrichtung Fremdenverkehr und Hoteladministration im Fachbereich Allgemeinwissenschaften und Betriebswirtschaft (S. 59)
- **Universität Lüneburg**: 1. Wahlfach Freizeit und Touristik im Studiengang für Diplom-Kaufleute; 2. Berufsfeldorientierender Bereich Fremdenverkehrsbetriebslehre im Studiengang Angewandte Kulturwissenschaften (mit den Studiengebieten BWL und Wirtschafts- und Sozialgeographie oder Ästhetische Gestaltung) (S. 61)
- **Ludwig-Maximilians-Universität München**: Studienbegleitende Aus- und Weiterbildung zum/zur Studienreiseleiter/in (in Zusammenarbeit mit einem Studienreiseveranstalter) für Studenten aller Lehrämter, der Pädagogik, Kunstgeschichte, Geographie, Volkskunde (S. 62)
- **Fachhochschule München**: Studiengang Tourismus im Fachbereich Betriebswirtschaft mit den Studienrichtungen "Touristik" und "Hotel- und Restaurant-Management" (S. 63)
- **Universität-Gesamthochschule Paderborn**: Magister-Studium mit Ausrichtung Tourismus im Hauptfach Geographie mit den Nebenfächern (tourismusrelevante) Sprachen und Betriebswirtschaftslehre (S. 65)

- **Berufsakademie Ravensburg:** Ausbildung zum/zur Diplom-Betriebswirt/-in (B.A.), Fachrichtung Fremdenverkehrswirtschaft (S. 66)
- **Universität Trier:** Studienrichtung Fremdenverkehrsgeographie im Studiengang Angewandte Geographie/Fremdenverkehrsgeographie (S. 68)
- **Fachhochschule Rheinland-Pfalz, Abteilung Ludwigshafen/Worms:** Im Fachbereich Betriebswirtschaft Diplomstudiengang Verkehrswesen/Touristik (S. 69)

Hochschulen, die in unserer Erhebung noch nicht berücksichtigt sind:

o **Johann Wolfgang Goethe-Universität Frankfurt**, Fachbereich 18: Geographie, Postfach 111932, 6000 Frankfurt a.M. 11: Ausbildungsschwerpunkt Fremdenverkehrsgeographie im Studiengang des Fachbereichs Geographie
o **Universität Münster**, Fachbereich 19: Geowissenschaften, Institut für Geographie, Robert-Koch-Str. 26, 4400 Münster: Studienelement Fremdenverkehrsgeographie im Studium am Fachbereich Geowissenschaften
o **Fachhochschule Wilhelmshaven**, Friedrich-Paffrath-Str. 101, 2940 Wilhelmshaven: Betriebswirtschaftslehre mit Schwerpunkt Hotel- und Restaurantmanagement

3.2.2 Sonstige Einrichtungen und Organisationen

- **Wirtschaftsakademie für Lehrer e.V.**, 3388 Bad Harzburg 1: Ausbildung zum/zur Touristikassistenten/-in als Fernstudium mit zusätzlichen berufsbegleitend durchgeführten Blockveranstaltungen (S. 125)
- **Thomas-Morus-Akademie**, 5060 Bergisch Gladbach: Multiplikatoren-Weiterbildung zu verschiedenen Freizeit- und Tourismusthemen in Form von Studientagungen und ähnlichen Veranstaltungen (S. 126)
- **Deutsches Seminar für Fremdenverkehr Berlin (DSF) e.V.**, 1000 Berlin 30: Berufsbezogene Weiterbildung (Fachkurse) im Bereich Tourismus und Fremdenverkehr (überregional ausgeschrieben) (S. 127)
- **Reisen und Freizeit mit jungen Leuten e.V. (RUF)**, 4800 Bielefeld 1: Ausbildung zum Jugendreiseleiter/-in; intern und extern angebotene Weiterbildung sowie allgemeine Fortbildung für den Bereich Jugendreiseleitung; Vermittlung von Zusatzqualifikationen (S. 128)
- **Verband Deutscher Kur- und Tourismusfachleute e.V. (VDKF)**, 5300 Bonn 1: Berufsbezogene Weiterbildung im Bereich Tourismus und Fremdenverkehr sowie Fachtagungen auf Bundes- und Landesgruppenebene (S. 129)

- **Reiseverkehrsakademie Düsseldorf (RVA) – Fachschule für Wirtschaft**, 4000 Düsseldorf 13: Fachschulausbildung für den Bereich der Touristik und des Reiseverkehrs mit der Möglichkeit verschiedener Zusatzprüfungen (S. 131)
- **Touristikakademie Düsseldorf (TAD) der Gesellschaft für Fort- und Weiterbildung**, 4000 Düsseldorf 13: Ausbildungskurse "Basiswissen" für das Reisebüro, Fortbildungen zum/zur Touristikfachwirt/-in (IHK) und Weiterbildungslehrgänge (S. 132)
- **Reppel & Partner Beratungsgesellschaft m.b.H. – Institut für Fremdenverkehr- und Kurberatung**, 7505 Ettlingen: Berufsbezogene Weiterbildung in Kur- und Fremdenverkehrsfragen im Auftrag von Kommunen, Verbänden u.a. (S. 133)
- **Bundesarbeitsgemeinschaft Evangelischer Jugendferiendienste e.V.**, 6000 Frankfurt a.M. 1: Grundkurse für Jugendreiseleiter (für pädagogisch orientierte Reisen evangelischer Träger), Seminarangebote für hauptamtliche Leitungskräfte, Intensivsprachkurse und länderkundliche Fortbildungen für neben- und ehrenamtliche Mitarbeiter (S. 134)
- **Robinson Club G.m.b.H.**, 6000 Frankfurt 70: 1. Zusatzausbildung zum/zur Animateur/-in im Rahmen von dreiwöchigen Animationsseminaren; 2. Praxissemester für Studenten/-innen der Berufsakademie Ravensburg (S. 135)
- **Gemeindedienst der Nordelbischen Kirche (NEK) – Abteilung Freizeit und Erholung**, 2000 Hamburg 52: Fort- bzw. Weiterbildung zum/zur Freizeithelfer/in bei der "Kirche am Urlaubsort" in Schleswig-Holstein (S. 137)
- **Württembergische Verwaltungs- und Wirtschaftsakademie**, 7100 Heilbronn: Ausbildung im dualen System für Tätigkeiten im mittleren Management in Fremdenverkehrsbetrieben und Reiseunternehmen (mit mehrwöchiger Unterbrechung der Berufstätigkeit) (S. 138)
- **Landesjugendpfarramt der Evangelischen Kirche der Pfalz**, 6750 Kaiserslautern: Weiterbildung zum/zur Freizeitleiter/-in (S. 139)
- **Pirmasenser Fachkursus und Europäisches Seminar für Tourismus (Fremdenverkehrsverband Rheinland Pfalz)**, 5400 Koblenz: Überregional angebotener Weiterbildungskurs für Tourismusfachkräfte (S. 140)
- **Katholisches Ferienwerk im Erzbistum Köln + Bon Tours, Katholische Reise GmbH**, 5000 Köln 1: Ausbildung zum/zur Freizeitleiter/-in, Fortbildung für Freizeitleiter/-innen (S. 141)
- **transfer e.V.**, 5000 Köln 91: "Modellseminare für Jugendreisen und internationale Begegnung" zur Fortbildung und fachlichen Qualifizierung von Multiplikatoren (in Zusammenarbeit mit dem **Studienkreis für Tourismus e.V.**, Starnberg) (S. 142)

- **Gesellschaft für Dienstleistungs-Marketing und Kommunikation m.b.H.**, 8197 Königsdorf/Schönrain: Berufsbezogene Fort- und Weiterbildungsseminare für die Bereiche Fremdenverkehr und Hotel (S. 143)
- **Wirtschaftsakademie Schleswig-Holstein**, 2400 Lübeck: Aus- und Weiterbildung zur beruflichen Qualifizierung auf dem Gebiet der Touristik (S. 144)
- **Touristik- und Fremdsprachen-Institut**, 8000 München 2: Touristikfachkurs als Vollzeitausbildung zur Touristikfachkraft (S. 145)
- **Deutsches Touristik-Institut e.V.**, 8000 München 40: Weiterbildung für Fachkräfte im Tourismusbereich (S. 146)
- **ADAC e.V. (Allgemeiner Deutscher Automobil Club)**, 8000 München 70: Berufsbezogene Weiterbildung für Freizeitfachkräfte im touristischen Bereich (Arbeiten mit dem ADAC-Tourenpaket, Vermittlung von Länderkenntnissen) (S. 147)
- **Reisen und Bildung GmbH**, 8000 München 80: Reiseleiter-Ausbildung in Zusammenarbeit mit anderen Veranstaltern in Form von Einführungs- und Fortbildungsseminaren (Reiseleiter-Ausbildung für Studenten/ -innen u.a.) (S. 148)
- **Förderverein zur Schulung von Reiseleitern e.V.**, 4400 Münster: Reiseleiterlehrgänge als einwöchige Grundlehrgänge; Aus- oder Fortbildung zum/zur Reiseleiter/-in mit verschiedenen Schwerpunktthemen (S. 149)
- **Katholisches Ferienwerk Oberhausen**, 4200 Oberhausen 1: Fortbildungsmaßnahmen zur Schulung ehrenamtlicher Reise- bzw. Gruppenreiseleiter/-innen (S. 151)
- **team - Gesellschaft für interkulturelle Beratung**, 5226 Reichshof: Seminare plus Training; Referate plus Beratung (Tourismusthemen) (S. 152)

Sonstige Einrichtungen, die in unserer Erhebung noch nicht berücksichtigt sind:

- **TÜV-Akademie Rheinland GmbH**, Am Schützenhof 2, 5300 Bonn 1: Ausbildung zum Reiseverkehrskaufmann
- **Institut für berufsbezogene Erwachsenenbildung GmbH**, Sonninstr. 24, 2000 Hamburg 1: Ausbildung zum Reiseverkehrskaufmann
- **Bus-Touristik-Seminare**, Klaus Grein, Lortzingstr. 16, 5090 Leverkusen: Ausbildung zum Reiseleiter im Bus-Tourismus
- **Service-Civil-International (SCI)**, Blücherstr. 14, 5300 Bonn 1: Ausbildung zum Reise-Betreuer
- **Akademie für Touristik (ATM)**, Amalienstr. 67, 8000 München 40: Ausbildung zum Reiseleiter

- Deutsche-Angestellten-Akademie (DAA), Gartenstr. 24, 2350 Neumünster: Ausbildung zum Reiseverkehrskaufmann
- Berufsschule für verkehrs- und verwaltungsorientierte Berufe, Fachrichtung "Reiseverkehrskaufleute", Schönweißstr. 7, 8500 Nürnberg 40: Ausbildung zum Reiseverkehrskaufmann

3.3 Curriculum-Überblick "Sport/Gesundheit mit Freizeitorientierung"

3.3.1 Hochschul- und Fachhochschulebene

- **Johann Wolfgang Goethe-Universität Frankfurt:** Diplomsportwissenschaften mit dem Schwerpunkt Freizeitsport (S. 71)
- **Pädagogische Hochschule Freiburg:** Sportpädagogik und Freizeitsport als Wahlpflichtfach im Studienschwerpunkt Erwachsenenbildung und berufliche Fortbildung (Fachbereich V) (S. 72)
- **Pädagogische Hochschule Freiburg:** Wahlpflichtfach Gesundheitspädagogik im Diplomstudiengang Erziehungswissenschaften (Fachbereich I) (S. 74)
- **Universität Karlsruhe** (WAGUS e.V.): Berufsbegleitende Kurse als Zusatzausbildung zum/zur Präventionsreferenten/-in oder zum/zur Rückenkursleiter/-in (S. 75)
- **Deutsche Sporthochschule Köln:** Studienschwerpunkt "Freizeitstudien/Breitensport" als einer (von drei erforderlichen) "Sportarten-Schwerpunkten" im Hauptstudium des Diplomstudiengangs (S. 76)
- **Universität Oldenburg:** Studienschwerpunkt "Freizeitsport" in den Studiengängen "Sportwissenschaft" für das Lehramt für Grund- und Hauptschulen, für das Lehramt für Realschulen, für das Lehramt für Gymnasien, für das Lehramt für Berufsbildende Schulen, für das Lehramt für Sonderschulen sowie im Magister-Studiengang Sportwissenschaft (S. 78)

- **Freie Universität Berlin:** Geplant war ein Ergänzungsstudiengang "Freizeit-Sport und Bewegungskultur" als Versuch, alternative Berufsmöglichkeiten für Sportstudenten/-innen aufzuzeigen und zu erschließen; die Einführung des Ergänzungsstudiengangs, für den bereits ein ausgearbeiteter Entwurf einer Studienordnung existiert, ist aber bislang aus institutsinternen Gründen (noch) nicht möglich gewesen. (S. 71)

Hochschulen, die in unserer Erhebung noch nicht berücksichtigt sind:

- **Technische Universität Carolo-Wilhelmina Braunschweig**, Institut für Sportwissenschaft, Franz-Liszt-Str. 34, 3300 Braunschweig: Freizeitsport als Schwerpunkt im sportwissenschaftlichen Studiengang
- **Universität Hamburg**, Fachbereich Sportwissenschaft, Mollerstr. 10, 2000 Hamburg 13: Sportwissenschaftlicher Arbeitsbereich "Freizeit und Gesundheit" in der sportwissenschaftlichen Fakultät
- **Eberhard-Karls-Universität Tübingen**, Institut für Erziehungswissenschaft II, Institut für Sportwissenschaft, Wilhelmstr. 124, 7400 Tübingen: Freizeitsport als Schwerpunkt im sportwissenschaftlichen Studium

3.3.2 Sonstige Einrichtungen und Organisationen

- **Willi Weyer Akademie – Führungs- und Verwaltungs-Akademie Berlin des Deutschen Sportbundes e.V.**, 1000 Berlin 62: Eigenständige Lizenzausbildung des DSB für ehrenamtliche und hauptamtliche Mitarbeiter und Funktionäre der Sportvereine/-verbände, Multiplikatoren-Weiterbildung und Fortbildungen für den Freizeit-, Breiten- und Spitzen-Sportbereich (S. 153)
- **Bildungswerk des Landessportbundes NRW – Außenstelle Stadtsportbund Bielefeld**, 4800 Bielefeld 1: Sportbezogene Bildungsangebote für Übungsleiter und jedermann (S. 154)
- **Kollegschule Kikweg**, 4000 Düsseldorf 1: Vollzeitausbildung zum/zur Freizeitsportleiter/-in mit Abitur oder Fachhochschulreife im Schwerpunkt Erziehung und Soziales der Kollegschule (Doppelqualifikation) (S. 155)
- **BUNDESFACHVERBAND ÖFFENTLICHE BÄDER E.V.**, 4300 Essen 1: Berufsbezogene Weiterbildung im Bereich Animation u.ä. für Beschäftigte in öffentlichen Bädern sowie für Interessenten aus dem sportfachlichen und Gesundheitsbereich (S. 156)
- **Landesverband Hessen im Bundesverband Deutscher Schwimmeister e.V.**, 6460 Gelnhausen 3: Berufsbezogene Weiterbildung zum Freizeitanimateur im Bad (in Zusammenarbeit mit der Fachhochschule Fulda) (S. 157)
- **Hamburger Sportbund e.V.**, 2000 Hamburg 6: Ausbildung für Übungs- und Fachübungsleiter/-innen u.a. im Freizeitsport und Breitensport (S. 158)
- **Deutscher Verband für Gesundheitssport und Sporttherapie e.V. (DVGS)**, 5000 Köln 40: Lehrgänge zur Zusatzqualifikation "Sporttherapie" und "Gesundheitssport"; Vollzeitfortbildung nach § 34 AFG zum Sporttherapeuten (S. 159)

- **Langen Institut gemeinnützige GmbH** – **Schule für Tanztherapie**, 4019 Monheim: Vollzeitausbildung sowie berufsbegleitende Weiterbildung im Bausteinsystem zum/zur Dance-Alive-Specialisten/-in; außerdem freie Angebote in Wochenendseminaren (S. 160)
- **Deutscher Skilehrerverband**, 8000 München: Berufliche Weiterbildung zum/zur staatlich geprüften Skilehrer/-in (S. 162)

Für die Aus- und Fortbildung ehren- und nebenamtlicher Mitarbeiter (Übungsleiter) in Sportverbänden, -bünden und -vereinen gibt es unter dem Dach des Deutschen Sportbundes (DSB) ein breites Angebot der einzelnen Landessportbünde. In jüngster Zeit mehren sich dabei Übungsleiter-Lehrgänge mit breiten- und freizeitsportlichen sowie gesundheitsbezogenen Inhalten. Die Lehrgänge finden in der Regel an mehreren aufeinanderfolgenden Wochenenden statt und sind als Grund-Ausbildung konzipiert, die durch ständige Fortbildungen oder spezielle Sonder-Fortbildungen vertieft werden sollen. Über das umfangreiche Angebot informieren die Landessportbünde (LSB) bzw. Landessportverbände (LSVB):

o LSVB Baden-Württemberg, Im Zinsholz, 7302 Ostfildern 2, Tel.: 0711/341063-65
o Bayrischer LSVB, Georg-Brauchle-Ring 93, Postfach 500120, 8000 München 50, Tel.: 089/15702-0
o LSB Berlin, Jesse-Owens-Allee 1-2, 1000 Berlin 19, Tel.: 030/30002-0
o LSB Bremen, Eduard-Grunow-Str. 30, 2800 Bremen 1, Tel.: 0421/71498
o Hamburger Sport-Bund, Schäferkampsallee 1, Haus des Sports, 2000 Hamburg 6, Tel.: 040/41211
o LSB Hessen, Otto-Fleck-Schneise 4, 6000 Frankfurt a.M. 71, Tel.: 069/67890
o LSB Niedersachsen, Maschstr. 20, Haus des Sports, 3000 Hannover 1, Tel.: 0511/807020
o LSB Nordrhein-Westfalen, Friedrich-Alfred-Str. 25, Postfach 101506, 4100 Duisburg 1, Tel.: 0203/738101
o LSB Rheinland-Pfalz, Rheinallee 1, Postfach 2960, 6500 Mainz 1, Tel.: 06131/2814-0
o LSVB für das Saarland, Saaruferstr. 16, Haus des Sports, 6000 Saarbrücken 1, Tel.: 0681/58603-0
o LSVB Schleswig-Holstein, Winterbeker Weg 49, 2300 Kiel 1, Tel.: 0431/64860

Weitere Aus- und Fortbildungen werden u.a. von vielen Fachverbänden angeboten, etwa Lizenzausbildungen für Segellehrer, Skilehrer (siehe oben) oder Tennislehrer. Hier folgt eine Zusammenstellung einiger Bundesfachverbände, die Sportarten mit deutlicher Freizeitorientierung vertreten und ggf. über Aus- und Fortbildungen für haupt- oder nebenberufliche Mitarbeiter Auskunft geben können:

- Deutscher Aero Club, Lyoner Str. 16, Postfach 710243, 6000 Frankfurt a.M. 71, Tel.: 069/663009-0
- Deutscher Bahnengolf-Verband, Gärtnerstr. 44, 2083 Halstenbek, Tel.: 04101/41861
- Deutscher Golf-Verband, Postfach 2106, 6200 Wiesbaden, Tel.: 06121/526041
- Deutscher Kanu-Verband, Bertaallee 8, 4100 Duisburg 1, Tel.: 0203/72966
- Deutscher Keglerbund, Wilhelmsaue 23, 1000 Berlin 31, Tel.: 030/871299
- Deutsche Reiterliche Vereinigung (FN), Frhr.-von-Langen-Str. 13, Postfach 640, 4410 Warendorf 1, Tel.: 02581/6362-01
- Deutscher Rollsport-Bund, Thomas-Mann-Str. 6c, 6000 Frankfurt a.M. 50, Tel.: 069/581084
- Deutscher Segler-Verband, Gründgenstr. 18, 2000 Hamburg 60, Tel.: 040/6320090
- Deutscher Sportakrobatik-Bund, Stürmerstr. 17, 6631 Ensdorf, Tel.: 06831/50410
- Verband Deutscher Sporttaucher, Gründgenstr. 18, 2000 Hamburg 60, Tel.: 040/6313355
- Deutscher Sqash Rackets Verband, Weidenweg 10, 4100 Duisburg 1, Tel.: 0203/315075
- Deutscher Tanzsportverband, Robert-Koch-Str. 1-3, 6078 Neu-Isenburg, Tel.: 06102/33931
- Deutscher Tennis-Bund, Leisewitzstr. 26, 3000 Hannover 1, Tel.: 0511/816063-67
- Deutscher Wasserski-Verband, Ostallee 49b, 5500 Trier, Tel.: 0651/73854

Die Adressen weiterer Fachverbände auf Bundes- und Landesebene sind bei den Landessportbünden oder direkt beim DSB (Otto-Fleck-Schneise 12, 6000 Frankfurt a.M. 71) erhältlich.

3.4 Curriculum-Überblick "Kunst/Kultur mit Freizeitorientierung"

3.4.1 Hochschul- und Fachhochschulebene

- **Alanus - Hochschule der Musischen und Bildenden Künste**, Bonn-Alfter: Aufbaustudium "Kunst in sozialen Arbeitsfeldern" (S. 80)
- **Hochschule der Künste Berlin, Kulturpädagogische Arbeitsstelle für Weiterbildung**: Weiterbildungsstudium Kulturarbeit für bildende Künstler/-innen und Kulturpädagogen/-innen (S. 81)
- **Hochschule für Bildende Künste Braunschweig**: Aufbaustudium "Kulturarbeit und Erwachsenenbildung" (S. 82)
- **Universität Bremen**: Studiengang Kulturwissenschaft im Fachbereich Sprach- und Kulturwissenschaft (S. 84)
- **Gesamthochschule Essen**: Voraussichtlich zum Sommersemester 1990 erfolgt für den Studiengang Erziehungswissenschaft die Einrichtung eines Studienschwerpunktes Kulturarbeit; für den Magisterstudiengang in den Fachbereichen 1 bis 4 wurde ein Studienschwerpunkt Kulturpädagogik eingerichtet; weiterhin wurde ein Ergänzungsstudiengang Erziehungswissenschaft mit einem Schwerpunkt "Stadtteilbezogene soziale Arbeit und Kulturarbeit" von 5 Semestern Dauer eingeführt (S. 85)
- **Universität Frankfurt, Institut für Kunstpädagogik**: Studiengang Kunstpädagogik mit Ausrichtung (u.a.) an Berufsfeldern im Kultur- und Freizeitbereich (S. 85)
- **Hochschule für Wirtschaft und Politik Hamburg - Wissenschaftliche Hochschule des Zweiten Bildungsweges**: Kontaktstudiengang "Kultur- und Bildungsmanagement" (S. 86)
- **Hochschule für Musik und darstellende Kunst Hamburg**: Wahlpflichtfach Kulturmanagement (S. 88)
- **Wissenschaftliche Hochschule Hildesheim**: Diplomstudiengang Kulturpädagogik im Fachbereich II (Kulturwissenschaften und Ästhetische Kommunikation) (S. 89)
- **Evangelische Fachhochschule für Sozialwesen Ludwigshafen**: Studienschwerpunkt: Projekt Kulturarbeit im Studiengang Sozialpädagogik (S. 90)
- **Philipps-Universität Marburg**: Berufsbezogene Studienschwerpunkte "Museum" und "Medien/Öffentliche Kulturarbeit" im Studiengang Europäische Ethnologie, Fachbereich Gesellschaftswissenschaften und Philosophie; die Lehrveranstaltungen der Studienschwerpunkte eignen sich auch für Studenten/-innen des Diplom-Studienganges Erziehungswissenschaften mit dem Schwerpunkt Freizeit- und Medienpädagogik (S. 92)
- **Universität Tübingen**: Studiengang "Empirische Kulturwissenschaft" (S. 93)

3.4.2 Sonstige Einrichtungen und Organisationen

- **IGMF** - **Internationale Gesellschaft für musikpädagogische Fortbildung e.V.**, 5920 Bad Berleburg: Musikpädagogische Fortbildungen für Musikfachkräfte und Eltern mit ihren Kindern (S. 163)
- **Internationales Jugend-Kulturzentrum Bayreuth**, 8580 Bayreuth: Künstlerische Weiterbildung für Multiplikatoren im Freizeitbereich (S. 164)
- **Forum für Kreativität und Kommunikation**, 4800 Bielefeld 1: Berufsbegleitende Fortbildung Tanz- und Theaterpädagogik für Fachkräfte in der Sozial-, Bildungs- und Kulturarbeit (S. 165)
- **Institut für Kulturelle Bildung e.V. (ikb)**, 4800 Bielefeld 1: Fort- und Weiterbildungsangebote in Bereichen der Kulturellen Bildung: Gestaltung, Musik, Theater, Tanz (S. 166)
- **Rhinozerus-Spielwerkstatt - Mobiles Kursangebot**, 4300 Essen: Berufsbezogene und allgemeine Weiterbildung; projektbezogene Aktionen mit Weiterbildungsanteil für alle hauptamtlichen Pädagogen im Freizeitbereich (S. 167)
- **Die Spiel & Theater Werkstatt Frankfurt**, 6000 Frankfurt a.M. 50: Ausbildung zum/zur Spiel- und Theaterpädagogen/-in als berufsbegleitende Weiterbildung für Mitarbeiter/-innen in (sozial-) pädagogischen Arbeitsfeldern; außerdem allgemeine und berufliche Weiterbildungsangebote (S. 168)
- **Der Johanneshof e.V. - Bildungs- und Begegnungstätte aus freier Initiative**, 2391 Freienwill: Allgemeine und berufliche Weiterbildung für Erwachsene/Multiplikatoren im kreativen und kulturellen Bereich (S. 169)
- **Verein zur Förderung des literarischen Straßentheaters und des Kinder- und Jugendtheaters e.V.**, 3008 Garbsen 1: Berufsbezogene und allgemeine Weiterbildung im Bereich der kulturellen Arbeit (S. 170)
- **Burckhardthaus e.V. - Evangelisches Fortbildungsinstitut**, 6460 Gelnhausen: Allgemeine und Multiplikatoren-Weiterbildung im Bereich Spiel-, Theater- und Kulturpädagogik (S. 171)
- **Arbeitsgemeinschaft Spiel (AGS) in der Evangelischen Jugend (AEJ)**, 6460 Gelnhausen bzw. 7000 Stuttgart 40: Berufsbegleitende (Zusatz-)Ausbildung zum/zur Spiel- und Theaterpädagogen/-in (S. 172)
- **Arbeitskreis Museumspädagogik e.V.**, 3400 Göttingen: Berufsbegleitende Weiterbildung für Museumspädagogen/-innen und Multiplikatoren (S. 173)
- **arlequí - centre de dansa i teatre**, Banyoles (Girona), Spanien, bzw. 3400 Göttingen: Tanz- und Theaterkurse für professionelle und ehrenamtliche Anwendung (S. 174)

- **Workshop Hannover – Zentrum für kreatives Gestalten e.V.**, 3000 Hannover: Allgemeine und berufliche Weiterbildungsangebote im kreativen Bereich (S. 175)
- **Albatross – Studio für Experimentelles und Freies Theater**, 2904 Hatten-Munderloh: Berufsbegleitende Aus- und Fortbildung in den Bereichen Clowntheater und Körpertheater (S. 176)
- **Theaterpädagogisches Zentrum e.V.**, 5000 Köln 1: Aus- und Fortbildung von Theaterpädagogen/-innen; Fortbildung von pädagogischen Fachkräften in Theatertechniken und Zirkustechniken (S. 178)
- **Rheinische AG Spiel und Theater im Regierungsbezirk Köln e.V.**, 5000 Köln 1: Weiterbildung im Bereich Spiel- und Theaterpädagogik für pädagogische Berufe bzw. Freizeitfachkräfte (S. 179)
- **Kölner Spielewerkstatt e.V.**, 5000 Köln 30: Weiterbildung im Bereich der kulturellen Animation mit Kindern (Spielseminare und Spielleiterseminare) (S. 180)
- **Frankfurter Tanzkreis**, 6070 Langen: Multiplikatoren-Weiterbildung im Rahmen von Wochenendlehrgängen, und berufsbegleitende Fortbildungslehrgänge z.T. in Kooperation mit dem Berufsverband der Sozialarbeiter, Sozialpädagogen, Heilpädagogen (S. 181)
- **Theaterpädagogisches Zentrum der Emsländischen Landschaft e.V. – Fachakademie für Spiel, Theater und Tanz**, 4450 Lingen/Ems: Fortbildung zum/zur Spiel- und Theaterpädagogen/-in (Vollzeitausbildung) sowie Ausbildung zum/zur Tanzleiter/-in (S. 182)
- **Freizeitschule des Waldorfschulvereins e.V.**, 6800 Mannheim 24 (Neckarau): Weiterbildungsangebote unterschiedlicher Art als allgemeine wie berufliche Qualifizierung im handwerklich-künstlerischen Bereich (S. 183)
- **Bundesverband Seniorentanz e.V.**, 4370 Marl 6: Grundausbildung und Weiterbildung zum/zur Seniorentanzleiter/-in; in unregelmäßigen Abständen musische Weiterbildungen für Tanzleiter/-innen; Sitztanzlehrgänge (S. 184)
- **Pädagogische Aktion e.V.**, 8000 München 2: Berufliche Weiterbildung und Multiplikatoren-Weiterbildung im kulturellen und sozialpädagogischen Bereich (offene Kinderarbeit, mobile Spielanimation, Museumspädagogik etc.) (S. 185)
- **Akademie Remscheid für musische Bildung und Medienerziehung**, 5630 Remscheid: Berufsbegleitende Fortbildungsmaßnahmen und Vermittlung von Zusatzqualifikationen in verschiedenen Fachbereichen der kulturellen Bildung (S. 186)

- **Kreisel – Saarbrücker Institut für Pädagogik und Spiel**, 6600 Saarbrücken: Berufsbegleitende Fortbildung (Zusatzausbildung) zum/zur Spielpädagogen/-in (S. 188)
- **Bundesakademie für musikalische Jugendbildung**, 7218 Trossingen: Fortbildung und Beratung von Mitarbeitern/-innen in der außerschulischen musikalischen Jugendarbeit in Form von berufsbegleitenden Lehrgängen (auch geschlossene Lehrgänge von Mitgliedsverbänden), Wochen(end)-seminare und Arbeitstagungen (S. 189)
- **LAG Kulturpädagogische Dienste Jugendkunstschulen NRW e.V.**, 4750 Unna: Berufliche Fort- und Weiterbildung für Kulturpädagogen/-innen (S. 190)
- **Bundesakademie für kulturelle Bildung Wolfenbüttel e.V.**, 3340 Wolfenbüttel: Berufsbegleitende Fort- und Weiterbildungsangebote für Multiplikatoren auf kulturellen Gebieten (S. 191)
- **Freie Schule für Theaterpädagogik e.V.**, 7338 Zell u.A.: Berufsbegleitende Fortbildung zum/zur Spielleiter/-in für Spiel, Darstellendes Spiel und Theater (in Kooperation mit der VHS des Landkreises Göppingen) (S. 192)
- **Freie Schule für Theaterpädagogik e.V.**, 7338 Zell u.A.: 4-semestriges Studium "Theater in Pädagogik, Therapie und Kulturarbeit" als Aufbaustudium nach einem pädagogischen, psychologischen o.ä. Studium und/oder als Grundstudium nach dem Abitur bzw. Berufsaustritt (S. 193)

3.5 Curriculum-Überblick "Sozialwesen mit Freizeitorientierung"

3.5.1 Hochschul- und Fachhochschulebene

- **Katholische Stiftungsfachhochschule München, Abteilung Benediktbeuern**: Studienschwerpunkt Jugend(freizeit)arbeit im Studiengang Sozialwesen (S. 95)
- **Fachhochschule für Sozialarbeit und Sozialpädagogik Berlin**: Berufsbegleitende Fortbildungsseminare für Praktiker in sozial- und freizeitpädagogischen Arbeitsfeldern (S. 96)
- **Evangelische Fachhochschule Berlin, Fachhochschule für Sozialarbeit und Sozialpädagogik**: Freizeitpädagogik als Studienelement im Studiengang Sozialarbeit/Sozialpädagogik sowie Rahmen eines umfassenden Fortbildungsprogrammes für Sozialarbeiter/-innen und Institutionen der Sozialarbeit aus der Praxis (S. 97)

- **Evangelische Fachhochschule Rheinland-Westfalen-Lippe, Bochum:** Studienschwerpunkte "Ästhetik und Kommunikation" und "Freizeitpädagogik" im Studiengang Sozialpädagogik (S. 99)
- **Evangelische Fachhochschule Darmstadt:** Studienschwerpunkt "Freizeitpädagogik" im Studium der Sozialarbeit (Fachbereich I) und der Sozialpädagogik (Fachbereich II) (S. 100)
- **Pädagogische Hochschule Freiburg:** Elemente der Studienrichtung Sozial- und Freizeitpädagogik im Diplom-Studium Erziehungswissenschaften (S. 101)
- **Evangelische Fachhochschule Hannover:** Studiengang Sozialpädagogik/Sozialarbeit mit kulturpädagogischen Akzenten (S. 102)
- **Gesamthochschule Kassel – Universität:** Studienelement Freizeit innerhalb des Pflichtfachs "Soziale Gerontologie" des Aufbaustudiengangs "Soziale Gerontologie" (S. 104)
- **Katholische Fachhochschule Nordrhein-Westfalen, Abteilungen Aachen, Köln, Münster und Paderborn:** Medienpädagogik (Ästhetik und Kommunikation) als "Wahlpflichtfach" im Studiengang Sozialarbeit und als Pflichtfach im Rahmen des "Fächerstudiums" im Studiengang Sozialpädagogik (S. 105)
- **Fachhochschule Nordostniedersachsen, Lüneburg:** Studienschwerpunkt Jugend- und Kulturarbeit im Studiengang Sozialarbeit (S. 106)
- **Universität-Gesamthochschule Siegen:** Innerhalb des Studiengangs "Außerschulisches Erziehungs- und Sozialwesen" (AES) gibt es das Fach "Ästhetik und Kommunikation" (S. 107)

3.5.2 Sonstige Einrichtungen und Organisationen

- **Werkstatt für Demokratie und Öffentlichkeit, 5300 Bonn/Grau-Rheindorf:** Berufsbegleitende Maßnahme zur Weiterbildung im soziokulturellen Bereich mit dem Schwerpunkt der Jugend- und Erwachsenenbildung (Multiplikatoren-Weiterbildung) (S. 195)
- **v. Bodelschwingsche Anstalten Bethel – Nazareth Fort- und Weiterbildung, 4800 Bielefeld 12:** Weiterbildung für haupt- und nebenamtliche Mitarbeiter/-innen im Freizeitbereich diakonisch-sozialer Handlungsfelder und Einrichtungen, insbesondere zur Anwendung von "Bibliodrama" in der diakonischen Arbeit (S. 196)
- **Paritätisches Bildungswerk – Bundesverband e.V., 6000 Frankfurt a.M. 71:** Das Paritätische Bildungswerk ist ein Dachverband der außerschulischen Bildungsarbeit, dessen Mitgliedsorganisationen verschiedene Fort-

und Weiterbildungsmaßnahmen für Mitarbeiter/-innen in sozialen (Freizeit-)Einrichtungen sowie für Gruppenleiter/-innen Internationaler Begegnungen durchführen (S. 197)
- **Institut für Jugendarbeit des Bayrischen Jugendrings – KdöR**, 8035 Gauting: Fortbildungsveranstaltungen für das Arbeitsfeld Jugend(freizeit)arbeit (S. 198)
- **Verband Hamburger Spielplatzinitiativen e.V. – Fachverband für Offene Arbeit mit Kindern**, 2000 Hamburg 36: Berufsbezogene Weiterbildung für Mitarbeiter/-innen in der offenen Kinderarbeit, schwerpunktmäßig für Bauspielplatzpädagogen/-innen (S. 200)
- **Robert-Görlinger-Bildungswerk**, 5000 Köln 1: Fort- und Weiterbildung von Teamern/-innen in der Kinder- und Jugendarbeit (Ferienreisen, Freizeiten) (S. 201)
- **Haus der Jugendarbeit**, 8000 München 19: Multiplikatoren-Weiterbildung im Bereich der Jugendfreizeitarbeit (S. 202)
- **Haus Buchberg – Familien- und Weiterbildungszentrum**, 7540 Neuenbürg: Fortbildungen und Zusatzausbildungen für Fachkräfte der Sozial- und Bildungsarbeit (Rollenspielleiter/-in bzw. Gruppenleiter/-in) (S. 203)
- **Diakonische Akademie – Zentrale Fortbildungsstätte des Diakonischen Werkes der Evangelischen Kirche in Deutschland**, 7000 Stuttgart 10: Berufsbegleitende Fort- und Weiterbildung für die Bezugsfelder Altenhilfe, Behindertenhilfe, Familienhilfe, Jugendhilfe, Krankenhilfe, Sozialbenachteiligtenhilfe; weitere übergreifende Fortbildungsangebote (lang- und kurzfristig) für Mitarbeiter/-innen in Sozialarbeit und Diakonie (S. 204)
- **ABA – Fachverband Offene Arbeit mit Kindern e.V.**, 4750 Unna: Fort- und Weiterbildung für Mitarbeiter/-innen in der offenen Kinder- und Jugendarbeit (S. 205)
- **EREW – Institut für Erziehungstherapie**, 4060 Viersen 1: Verschiedene Aus- und Fortbildungsangebote für Therapeuten/-innen, z.T. mit kulturell-künstlerischen Akzenten (S. 206)
- **Paritätisches Bildungswerk – Landesverband Nordrhein-Westfalen e.V.**, 5600 Wuppertal 2: Helferschulungen für Ferienmaßnahmen und Fort-/Weiterbildung für freizeitbegleitende Maßnahmen sowie Fort- und Weiterbildungen für Mitarbeiter/-innen in allen Bereichen der sozialen Arbeit (S. 207)

Literatur- und Zeitschriftenhinweise

AGRICOLA, S.: Freizeit als Beruf. Ein Widerspruch in sich - Das Anforderungsprofil für Freizeitberufler, in: Animation, November/Dezember 1988, S. 168-171.

BAHNMÜLLER, R. u.a.: Diplom-Pädagogen auf dem Arbeitsmarkt. Ausbildung, Beschäftigung und Arbeitslosigkeit in einem Beruf im Wandel, Weinheim/München 1988.

BARTL, H.: Qualifizierte Reiseleitung. Erfolgskonzepte für einen modernen Beruf, München 1983.

BAUER, G.: Sportlehrer/Sportlehrerin im freien Beruf. Blätter zur Berufskunde 2-II A 30, Bielefeld 1982.

BLOCK, E.: Sachbuch für professionelle Reiseleitung, Essen 1985.

BRAUN, A. u.a.: Tourismus als Berufsfeld. Handlungskompetenzen für Freizeitberufe im touristischen Bereich, Frankfurt 1982.

Der Bundesminister für Bildung und Wissenschaft (Hrsg.): Grund- und Strukturdaten 1988/89, Bonn.

CRAMER, K.P.: Viel Arbeit mit der Freizeit. Berufspraxis Freizeitberufe (Urlaub), in: UNI-Berufswahlmagazin 7-8/78, S. 6-10.

DATZER, R./LOHMANN, M.: Der Beruf des Reiseleiters. Eine soziologische Untersuchung, Starnberg 1981.

Die Deutschen Fachhochschulen, 23. Ausgabe, Berlin/Offenbach 1984.

Euro-Reisemanager. Aufbaustudium Tourismus, in: UNI-Berufswahlmagazin, Januar 1990, S. 16-18.

Fachzeitschrift Freizeit, ANIMATION, Berufspraxis und Wissenschaft, Curt R. Vincentz Verlag Hannover.

FINGER, K. u.a. : Animation im Urlaub. Studie für Planer und Praktiker, Starnberg 1975.

FREIZEITPÄDAGOGIK, Zeitschrift für Kritische Kulturarbeit, Freizeitpolitik und Tourismusforschung, Pädagogischer Verlag Burgbücherei Schneider, Baltmannsweiler.

DER FREMDENVERKEHR, Tourismus + Kongreß, Darmstadt.

FROMME, J.: Freizeit-Curricula im Überblick. Aus-, Fort- und Weiterbildungseinrichtungen für Freizeitberufe, in: Animation, November/Dezember 1988.

FROMME, J.: Freizeit-Curricula im Überblick (2), in: Animation, Januar/Februar 1989.

FROMME, J./STOFFERS, M.: Freizeit im Lebensverlauf. Schwerpunkte und Perspektiven der Freizeitkulturforschung – Perspektiven für Politik und Pädagogik. Dokumentation der 5. Bielefelder Winterakademie. Bielefeld/Erkrath (IFKA-Dokumentation) 1988.

FVW INTERNATIONAL (Fremdenverkehrswirtschaft), Frankfurt.

GIESECKE, H.: Der Freizeitpädagoge. Über Kompetenzen und Berufschancen von "Lernhelfern" in der Freizeit, in: Animation, September/Oktober 1987.

GRUNOW-LUTTER, V./NAHRSTEDT, W.: Freizeitberatung. Theorieansätze und Praxismodelle. Versuch einer kritischen Rezeption amerikanischer Entwicklungen, Baltmannsweiler 1982.

GÜNTER, W. (Hrsg.): Handbuch für Studienreiseleiter, Starnberg 1982.

DE HAEN, S.: Berufsfelder in der Freizeitpädagogik. Bedarfssituation und Qualifikationsanforderungen. Forschungsbericht, Universität Göttingen 1989.

KARL, H. (Hrsg.): Freizeitsport – Berufsfeld für Sportlehrer außerhalb der Schule? Zusammenfassung der Referate der DVS-Tagung zum Freizeit-Sport vom 24.-26.11.1982, Clausthal-Zellerfeld 1984.

KLUCKERT, D.: Kunstführung und Reiseleitung. Oetingen 1988.

KULTURPOLITISCHE GESELLSCHAFT E.V.: Kulturpädagogik. Zur Zukunft eines Berufsfeldes. Aus- und Weiterbildung zwischen Theorie und Praxis. Dokumentation 29, Loccum/Hagen 1987, 2. Aufl. 1989.

MÜLLER, L., WEICHLER, K.: Arbeitsfeld Freizeit. Der Schlüssel zu den animativen Berufen, Reinbek/Hamburg 1990.

NAHRSTEDT, W.: Die überzähligen Helfer, in: Animation, November 1980.

NAHRSTEDT, W. u.a.: Der Freizeitpädagoge. Freizeitberatung – Animation – Freizeitadministration. Neue Aufgaben für Sozialarbeiter, Erwachsenenbildner und Sportpädagogen, Opladen 1982.

NAHRSTEDT, W.: Zur Freizeit berufen? Berufsperspektiven und Handlungsfelder für Freizeit- und Kulturpädagogen. Bielefeld (IFKA-Schriftenreihe, Bd. 12) 1990, in Vorbereitung.

NAHRSTEDT, W./STEINECKE, A./THEVIS, W. (Hrsg.): Freizeit-Curricula. Aus- und Weiterbildungsmodelle sowie Berufsperspektiven für Fachleute in den Bereichen Freizeit, Kultur, Breitensport und Tourismus. Dokumentation der 4. Bielefelder Winterakademie, Bielefeld (IFKA-Dokumentation) 1987.

NAHRSTEDT, W. (Koordinator): Freizeit-Curriculum-Katalog für deutschsprachige Länder Europas. Überblick über Aus- und Weiterbildungseinrichtungen für Freizeitberufe und verwandte sozio-kulturelle Berufe, hrsg. von der Europäischen Gesellschaft für Freizeit (ELRA), Bielefeld (IFKA-Schriftenreihe, Bd. 1) 1986.
OBERSTE-LEHN, H.: Wo Milch und Honig fließt? Arbeitsfeld Freizeit – Der Schlüssel zu den animativen Berufen, in: Animation, September/Oktober 1988, S. 143-147.
OPASCHOWSKI, H.W.: Pädagogik und Didaktik der Freizeit. Freizeit- und Tourismusstudien, Leverkusen 1987.
OPASCHOWSKI, H.W.: Methoden der Animation. Praxisbeispiele, Bad Heilbrunn 1981.
OPASCHOWSKI, H.W.: Der Freizeitsportlehrer, Hamburg 1977.
OPASCHOWSKI, H.W.: Der Freizeitberater, Düsseldorf 1973.
RÜDIGER, H./LICHTENAU, P. (Hrsg:): Neue Berufsfelder und Ausbildungswege im Sport: Berichte über die Projektwoche des Fachbereichs Sportwissenschaft der Universität Münster, Münster 1987.
SCHMEER, M.-L.: Handbuch der Reisepädagogik. Didaktik und Methodik der Bildungsreise am Beispiel Italien, München 1984 (Diss.).
SCHMEER-STURM, M.-L.: Zweites Standbein für die Zukunft? Reiseleiter-Ausbildung an der Universität München, in: Animation, Juli/August 1986.
SCHMEER-STURM, M.-L.: Trainingsseminar Gästeführer, Darmstadt 1987.
SCHÖN, B. (Hrsg.): Die Zukunft der sozialen Berufe. Arbeitsmarkt, Ausbildung, Alternativen, Frankfurt 1986.
STEINECKE, A. (Hrsg.): Lernen. Auf Reisen? Bildungs- und Lernchancen im Tourismus der 90er Jahre. 2. Bielefelder Tourismus-Lektionen, Bielefeld (IFKA-Schriftenreihe, Bd. 9) 1990.
STEMPER, T. (Hrsg.): Gesundheit – Fitness – Freizeitsport. Praxis des modernen Gesundheitssports, Köln 1988.
Übersicht über die Studienmöglichkeiten für Studienanfänger in der BRD im Wintersemester 1988/89, hrsg. von der Westdeutschen Rektorenkonferenz 1988.
VERBAND DEUTSCHER KUR- UND TOURISMUS-FACHLEUTE (Hg.): Aus- und Weiterbildung für den Tourismus im Bereich des öffentlich orientierten Fremdenverkehrs, Bonn 1984.
WEICHLER, K.: Arbeitsfeld Kultur. Der Schlüssel zu den kreativen Berufen, Reinbek/Hamburg 1988.
WEICHLER, K.: Arbeitsfeld Medien. Der Schlüssel zu den kommunikativen Berufen, Reinbek/Hamburg 1988.

Verzeichnis der Tabellen und Abbildungen

			Seite
Abb.	1:	Grundstruktur des Bildungswesens in der Bundesrepublik Deutschland 1987	7
Abb.	2:	Typisierung der Hochschul-Curricula	16
Abb.	3:	Inhaltliche Zuordnung der Freizeit-Curricula	21
Abb.	4:	Fachbereichs- bzw. Fakultätseinbindung der Hochschul-Curricula	26
Tab.	1:	Grunddaten der Erhebung	11
Tab.	2:	Entstehungsjahr der Freizeit-Curricula	12
Tab.	3:	Hochschul-Curricula nach Bundesländern	13
Tab.	4:	Sonstige Curricula nach Bundesländern	14
Tab.	5:	Art der Einrichtungen	15
Tab.	6:	Typisierung der sonstigen Curricula	17
Tab.	7:	Einschätzung der Wichtigkeit des Freizeit-Curriculums	19
Tab.	8:	Zuständigkeit der Dozenten im Rahmen der Hochschul-Curricula	20
Tab.	9:	Ausbildungsformen der sonstigen Curricula	20
Tab.	10:	Weitere Charakterisierungen der sonstigen Curricula	20
Tab.	11:	Mittelwerte für "inhaltliche Schwerpunkte" der Hochschul-Curricula - untergliedert nach Curriculum-Gruppen	23
Tab.	12:	Mittelwerte für "inhaltliche Schwerpunkte" der sonstigen Curricula - untergliedert nach Curriculum-Gruppen	24
Tab.	13:	Praxisbezüge der Hochschul-Curricula	25
Tab.	14:	Mittelwerte für "fachliche Ausrichtungen" der Hochschul-Curricula - untergliedert nach Curriculum-Gruppen	27
Tab.	15:	Mittelwerte für "fachliche Ausrichtungen" der sonstigen Curricula - untergliedert nach Curriculum-Gruppen	28
Tab.	16:	Mittelwerte für "angestrebte Arbeitsfelder" der Hochschul-Curricula - untergliedert nach Curriculum-Gruppen	29
Tab.	17:	Mittelwerte für "angestrebte Arbeitsfelder" der sonstigen Curricula - untergliedert nach Curriculum-Gruppen	30
Tab.	18:	Absolventenzahlen der Hochschul-Curricula	31
Tab.	19:	Mittelwerte für "angestrebte Anstellungsträger" der Hochschul-Curricula - untergliedert nach Curriculum-Gruppen	32
Tab.	20:	Mittelwerte für "angestrebte Anstellungsträger" der sonstigen Curricula - untergliedert nach Curriculum-Gruppen	33
Tab.	21:	Erweiterungsplanungen im freizeitcurricularen Bereich	34

IFKA

Das "Institut für Freizeitwissenschaft und Kulturarbeit" (IFKA) ist ein eingetragener und als gemeinnützig anerkannter Verein mit Sitz in Bielefeld.

Ziel dieses Institutes ist es, an der Lösung neuer Aufgaben und Probleme mitzuwirken, die aufgrund der individuell und gesellschaftlich zunehmenden Bedeutung der Bereiche *Freizeit, Kultur und Tourismus* entstanden sind bzw. noch entstehen. Wir nutzen dabei aktuelle Erkenntnisse und Erfahrungen der Freizeit- und Tourismuswissenschaft, um anwendungs- und problembezogene Gutachten zu erstellen, Konzepte zu entwickeln oder Beratungen und Fortbildungen durchzuführen.

Wir verstehen uns als Partner von Kommunalverwaltungen, Politikern, Verbänden, Vereinen, Einrichtungen und Unternehmen und arbeiten mit Fachleuten verschiedener Bereiche und Disziplinen zusammen (z.B. mit Raumplanern, Architekten, Psychologen).

Unsere Erfahrungen liegen insbesondere in folgenden Bereichen:
- Erstellung fallbezogener Expertisen und Gutachten (Fachberatung)
- Entwicklung neuer Nutzungskonzepte oder Modelle
- Wissenschaftliche Begleitung und Auswertung von Projekten und Modellen
- Durchführung von Fachtagungen, Konferenzen, Fortbildungsveranstaltungen
- Erstellung und Vertrieb von Dokumentationen und Veröffentlichungen
- Durchführung von Forschungsvorhaben.

Wir haben beispielsweise neue Modelle der Gästebetreuung in Kur- und Erholungsorten entwickelt, Gutachten und Expertisen für die Gestaltung von Freizeitbädern sowie für Bürgerhäuser erstellt, empirische Untersuchungen zum Freizeitverhalten und zu Freizeitwünschen durchgeführt und an zahlreichen Tagungen und Fortbildungsveranstaltungen mitgewirkt.

Wenn Sie mehr von oder über uns wissen möchten, wenden Sie sich an:

Institut für Freizeitwissenschaft und Kulturarbeit e.V. (IFKA)
Tel.: 0521/1063315

Postfach 62 24
D - 4800 Bielefeld 1

Bisher bei IFKA erschienen:

IFKA – Schriftenreihe

Bd. 1: *Wolfgang Nahrstedt (Koordinator):*
Freizeit-Curriculum-Katalog für deutschsprachige Länder Europas. Bielefeld 1986.
• vergriffen

Bd. 2: *Wolfgang Nahrstedt (Koordinator):*
Leisure Curriculum Catalogue for Europe. Bielefeld 1986.
• vergriffen

Bd. 3: *W. Grümme, S. Hamann, W. Nahrstedt (Hrsg.):*
Gästebetreuung in Kur- und Erholungsorten. Theoretische Grundlagen und Praxismodelle. Bielefeld 1987. ISBN 3-926499-02-8. 208 Seiten, DM 21,80

Bd. 4: *Wolfgang Nahrstedt, Johannes Fromme:*
Aktivspielplätze in der Bundesrepublik Deutschland. Einzeldarstellungen und Gesamtüberblick. Bielefeld 1987.
• vergriffen

Bd. 5: *Johannes Fromme u.a.:*
Aktivspielplätze im Selbstverständnis der Mitarbeiter. Bielefeld, 2. Aufl. 1987. ISBN 3-926499-07-9. 320 Seiten, DM 18,00

Bd. 6: *Ottmar L. Braun u.a.:*
Bielefelder Jugendreisestudie. Sommer '87. Bielefeld 1988.
• vergriffen

Bd. 7: *Dieter Brinkmann u.a.:*
Pädagogik selbstorganisierter Bürgerhäuser. Bielefeld 1988. ISBN 3-926499-10-9. 321 Seiten, DM 27,80

Bd. 8: *Albrecht Steinecke (Hrsg.):*
Tourismus – Umwelt – Gesellschaft. Wege zu einem sozial- und umweltverträglichen Reisen. Bielefelder Tourismus-Lektionen. Sommersemester 1988. Bielefeld 1989. ISBN 3-926499-12-5. 189 Seiten, DM 19,80

Bd. 9: *Albrecht Steinecke (Hrsg.):*
Lernen. Auf Reisen? Bildungs- und Lernchancen im Tourismus der 90er Jahre. 2. Bielefelder Tourismus-Lektionen. Sommersemester 1989. Bielefeld 1990. ISBN 3-926499-15-X. 176 Seiten, DM 19,80

Bd. 10: *Ilona Stehr, Wolfgang Nahrstedt:*
Freizeit-Barometer. Daten - Analysen - Trends für die 90er Jahre. Bielefeld 1990 - in Vorbereitung

Bd. 11: *Johannes Fromme, Beate Kahlen:*
Berufsfeld Freizeit: Aus-, Fort- und Weiterbildungsangebote im tertiären Bildungsbereich. Bielefeld 1990. ISBN 3-926499-17-6. 240 Seiten, DM 19,80

Bd. 12: *Wolfgang Nahrstedt:*
Zur Freizeit berufen? Berufsperspektiven und Handlungsfelder für Freizeit- und Kulturpädagogen. Bielefeld 1990 - in Vorbereitung

Bd. 13: *Renate Freericks, Ilona Stehr:*
Wann, wenn nicht jetzt? Ziele und Träume für den Ruhestand. Bielefeld 1990. ISBN 3-926499-18-4. 70 Seiten, DM 12,80

IFKA - Dokumentationen:

1) Freizeitpädagogik und Kulturarbeit - Arbeit der Zukunft? Dokumentation der 1. Bielefelder Winterakademie. Bielefeld 1984 (geheftet). 140 Seiten, DM 16,80
2) Selbstorganisation und Freizeitpolitik - Modelle öffentlicher Förderung von Freizeitinitiativen. Dokumentation der 2. Bielefelder Winterakademie. Bielefeld 1985 (geheftet). 244 Seiten, DM 16,80
3) Neue Perspektiven kommunaler Freizeitkulturpolitik. Dokumentation der 3. Bielefelder Winterakademie. Bielefeld 1986.
   • vergriffen
4) Freizeit-Curricula - Aus- und Weiterbildungsmodelle sowie Berufsperspektiven für Fachleute in den Bereichen Freizeit, Kultur, Breitensport und Tourismus. Dokumentation der 4. Bielefelder Winterakademie. Bielefeld 1987.
   • vergriffen
5) *Johannes Fromme, Manfred Stoffers (Hrsg.):*
   Freizeit im Lebensverlauf. Schwerpunkte und Perspektiven der Freizeitkulturforschung - Perspektiven für Politik und Pädagogik. Dokumentation 5. Bielefelder Winterakademie. Bielefeld/Erkrath (IFKA/DGFF) 1988. ISBN 3-926780-03-7. 388 Seiten, DM 24,80
6) *Renate Freericks u.a.:*
   'Neue' Alte - Alte(n) Hilfe? Freizeitpädagogik mit älteren Erwachsenen. Neue Wege in der Altenhilfe. Dokumentation einer Fortbildung der Mitarbeiter der städtischen Altenhilfe Hannover in Zusammenarbeit mit der Universität Bielefeld. Bielefeld 1989. ISBN 3-926499-11-7. 52 Seiten, DM 9,80

7) *Johannes Fromme, Wolfgang Nahrstedt (Hrsg.):*
Baden gehen. Freizeitorientierte Bäderkonzepte - Antworten auf veränderte Lebens-, Reise- und Badestile. Dokumentation der 6. Bielefelder Winterakademie. Bielefeld 1989. ISBN 3-926499-14-1. 352 Seiten.
DM 22,80

IFKA - Faksimile:

1) *Wolfgang Nahrstedt:*
Die Entstehung der Freizeit. Dargestellt am Beispiel Hamburgs. Ein Beitrag zur Strukturgeschichte und zur strukturgeschichtlichen Grundlegung der Freizeitpädagogik. Original: Göttingen 1972. Faksimile: Bielefeld 1988. ISBN 3-926499-09-5. 372 Seiten, DM 24,80
2) *Hans-Werner Prahl, Albrecht Steinecke:*
Der Millionen-Urlaub. Von der Bildungsreise zur totalen Freizeit. Original: Darmstadt und Neuwied 1979. Faksimile: Bielefeld 1989. ISBN 3-926499-13-3. 276 Seiten, DM 19,80

IFKA - Freizeitliteraten:

1) *Irmgard Ahaus:*
Hallo Optimismus. Gedichte und Aphorismen. Bielefeld 1990. ISBN 3-926499-16-8. 72 Seiten, DM 9,80

Vordrucke für weitere oder aktualisierte Einzelportraits

1) Vordruck für Hochschul-Curricula

Institution: (Bezeichnung der Einrichtung)

Kontaktadresse: (genaue Anschrift, Kontaktperson, Telefon, Fax)

Studienmöglichkeit: (Kurzbezeichnung des Angebots, Studiengang)

Personelle Lehrkapazität: (Anzahl Dozenten für das Freizeit-Curriculum)

Lernziele/Ausbildungsinhalte: (Qualifikationsziele, inhaltliche Schwerpunkte, Fächer usw.)

Praxisbezüge: (Art, Dauer und Anzahl von Pflichtpraktika, Projekten usw.)

Semesterzahl und Semesterwochenstunden (SWS): (insgesamt / für Freizeit-Curr.)

Mögliche Abschlüsse:

Angestrebte Arbeitsfelder für Absolventen:

Studienvoraussetzungen:

Bewerbung: (an wen richtet sich der Interessent: ZVS, Hochschule?)

Besonderheiten/Anmerkungen:

Zusammenarbeit mit: (Kooperationspartner benennen)

2) Vordruck für sonstige Curricula

Institution:

Kontaktadresse: (Anschrift, Kontaktperson, Telefon, Fax usw.)

Ausbildungsart: (speziell Aus- und Weiterbildungen für Freizeitberufe)

Weitere Arbeitsfelder der Institution:

Hauptzielgruppen des Angebotes:

Inhalte/Angebote: (inhaltliche Schwerpunkte, Qualifikationsziele, Fächer usw.)

Teilnahmevoraussetzungen:

Ausbildungszeitraum: (speziell Freizeit-Curricula)

Gebühren:

Abschluß:

Besonderheiten/Anmerkungen:

Zusammenarbeit mit: (Kooperationspartner benennen)